Horst Evers

FÜR EILE FEHLT MIR
DIE ZEIT

Rowohlt · Berlin

4. Auflage Februar 2011
Copyright © 2011 by Rowohlt · Berlin Verlag GmbH, Berlin
Alle Rechte vorbehalten
Satz aus der Minion PostScript, InDesign,
bei Pinkuin Satz und Datentechnik, Berlin
Druck und Bindung CPI – Clausen & Bosse, Leck
Printed in Germany
ISBN 978 3 87134 682 8

Das für dieses Buch verwendete FSC®-zertifizierte Papier
Schleipen Werkdruck liefert Cordier, Deutschland.

Für Roberta und Gabi

INHALT

Frühling

Für Eile fehlt mir die Zeit 11
Das Haus in Brandenburg 17
Gepresste Lebensqualität 21
Ich könnte auch Heidi Klum sein 26
Gibt es Gott? 29
Das Wunder der Schale 33
Fahrradskelette 38
Die amtliche Führungspersönlichkeit 45
Der Plan der Außerirdischen 48
Das Paar im Zug 53

Sommer

Auf Lunge 57
Mathematik macht schön 62
Großer Bahnhof 64
Wildschweine oder
Was würde Captain Kirk jetzt tun? 69

Jäger und Fallensteller 76
Gescheiterte Beziehungen 80
Schusswaffen für alle 86
Das kriminelle Genie 88
Das Geheimnis des Tanztheaters 92

Herbst

Der weinende Engel 99
Gutenberg 2.0 104
Was Günter Grass von mir denkt 107
Wir feiern den Tag der Deutschen Einheit 110
Wenn Mücken twittern könnten 115
Was viele denken 122
Der große BVG-Streik 125
Nobelpreisträger wie du und ich 128
Niedersächsischer Herbst 132
Säugetier mit U 136
Im schönen Odenwald 143

Winter

Romantik 149
Beim Arzt – Dr. Molde 155
Wenn ich Jack Bauer wär 158
Die schönsten Weihnachtsmärkte der Welt 161
In der Gewalt der Schlummertaste 166
Der Nikolaus kommt früh nach Haus 169

Die beige Einzelzelle der Liebe 172
Wann lacht der Eskimo? 176
Worst ever 178
Gesichter der Stadt 182

Zweiter Frühling

Der graue Alltag der Revolution 187
Das Geheimnis von Schottland 194
Kinderträume 199
Sportstadt Nummer eins 201
World of Mother 204
Sintflut für alle 207
Im Schlafen genial 211
Kulturstadt Bielefeld 213
Böser Horst 218

FRÜHLING

> Am Anfang wurde das Universum erschaffen. Das machte viele Leute sehr wütend und wurde allenthalben als Schritt in die falsche Richtung gesehen.
>
> *Douglas Adams,* britischer Autor

Für Eile fehlt mir die Zeit

Sitze im Zug und arbeite am Computer. Kann mich nicht gut konzentrieren. Neben dem Fahrgeräusch hört man ein lautes Krächzen, Röcheln und Krachen. Als würde in der Radaufhängung etwas schleifen oder so ähnlich. Klingt gar nicht gut. Zerrt auch ziemlich an den Nerven, das Geräusch. Unangenehm. Jetzt gibt es sogar leichte Schläge. In die Seite. Oder mehr so ein Stupsen. Und jetzt ruft es: «Halloooo! Hallo, Sie! Das stört doch sehr! Wachen Sie auf! Halloooo!!!»
Ich reiße die Augen auf und schaue in das ärgerliche, aber wunderschöne Gesicht einer Frau mit ganz, ganz vielen Haaren. Als sie sieht, dass ich wach bin, schwebt sie zurück zu ihrem Platz zwei Reihen weiter. Ich versuche, zu mir zu kommen. Immerhin, in dem Moment, wo sie mich geweckt hat, haben auch diese krächzenden, röchelnden, krachenden Geräusche in der Radaufhängung aufgehört. Der Zug ist wieder heile. Eine Sorge weniger.
Schaue mich ein wenig um. Alle Reisenden aus dem Waggon starren mich an. Fühle mich unwohl, verkrieche mich ganz, ganz tief in den Sitz. Der Jugendliche gegenüber grinst. Versuche, möglichst beiläufig zu fragen:

– Hallooo, wie lange war ich denn weg?

– Knapp 'ne Stunde. Seit kurz hinter Offenburg.

– Uiiihh, und ich hab wohl auch ein bisschen geschnarcht, oder?

Er lacht.

– Ein bisschen? Obwohl, anfangs war es noch recht leise. Erst die letzten vier, fünf Minuten wurde es dann richtig laut.

– Wie laut?

Von einem Sitz vier Reihen weiter hinten ruft jemand:

– Na, so richtig laut. Klang wie 'ne Knochensäge am Unfallort!

Von vorne kommt Widerspruch:

– Nee, ich find eher wie ein Abflussrohr nach einer Wassersperrung!

– Nein, als wenn man bei einem Auto den vierten Gang nicht richtig reinkriegt, es minutenlang versucht, aus Verzweiflung immer mehr Gas im Leerlauf gibt und dann aus Trotz einfach mal den Rückwärtsgang einlegt!

Plötzlich hat jeder eine Meinung zu meinen Schnarchgeräuschen, doch die aufkommende, lebhafte Diskussion wird von der Durchsage, der Zug erreiche in wenigen Minuten Mannheim, jäh abgewürgt. Mir ist es sehr recht, dass offensichtlich ein Großteil der Reisenden aussteigt. Auch der Jugendliche räumt seine Sachen zusammen. Im Aufstehen raunt er mir noch zu:

– Ich fand ja das Gerede im Schlaf vorher viel unangenehmer. Gott sei Dank waren keine Kinder im Abteil.

Dann grinst er wieder so, dass man nicht genau weiß, ob er einen Scherz gemacht hat.

Die Frau mit den ganz, ganz vielen Haaren versucht, mich zu beruhigen:

– Ach, machen Sie sich keine Gedanken, für einen Mann in Ihrem Alter ist so was völlig normal.

Jetzt bin ich wirklich aufgewühlt. Frage sie aber lieber nicht, wie alt ein Mann in meinem Alter wohl so sei. Und auch nicht, was für den dann völlig normal sei. Vielleicht hat die Frau ja auch nur einen Scherz gemacht. Denke, während die Frau lachend im Gang steht: Wie schafft so ein Kopf das nur, mit so vielen Haaren? Das muss doch irrsinnig anstrengend für den Kopf sein, die alle mit Nährstoffen zu versorgen. Oder bei Gegenwind. Ich wäre wahrscheinlich noch viel müder, wenn ich für so viele Haare die Verantwortung tragen müsste.

Ein neuer Fahrgast steigt ein und setzt sich an meinen Tisch. Wobei, er setzt sich an meinen Tisch ist stark untertrieben. Im Hinsetzen holt er schon seinen Laptop raus, klappt ihn auf, schaltet ihn ein, nimmt das Ladegerät, fragt mich, wo die Steckdose ist, steckt den Stecker ein, telefoniert währenddessen mit dem Handy, checkt seine Mails, stellt plötzlich seinen Coffee to go, einen Take-away-Bag von der Sandwich-Station und einen Obstshake – all das muss er wohl die ganze Zeit in der Hand gehabt haben – auf dem Tisch ab, telefoniert immer noch, tippt parallel was in den Laptop, holt einige Unterlagen aus der Tasche, verstaut die Tasche, telefoniert immer noch, verschickt Mails, beginnt nebenher die drei Zeitungen aus seiner Manteltasche durchzusehen, fängt an zu essen, telefoniert immer noch, holt ein zweites Handy raus, tippt dort auch noch was und beendet dann, bevor der Zug überhaupt losgefahren ist, sein Telefonat mit den Worten: «Ich bin im Zug und die ganze Zeit erreichbar. Mache ohnehin gerade nichts.»

Denke, für das, was dieser Mann allein während des Ein-

steigens in einen Zug macht, brauche ich ungefähr anderthalb Wochen.

Schaue fasziniert dabei zu, wie er jetzt gleichzeitig isst, tippt,
liest, trinkt, etwas auf seinem iPod hört und, wie gerade
erwähnt, ganz nebenbei auch noch nichts tut. Um nicht völlig abzustinken, schaue ich ebenfalls mal auf mein Handy.
Ach guck, zwölf SMS. Das ist ungewöhnlich. Bin ein bisschen stolz. Sage möglichst lässig in Richtung des Mannes:
«Hui, da hab ich ja schon wieder zwölf SMS bekommen. Die
Leute, die Leute, da guckt man dreißig Minuten nicht aufs
Handy, zack! sind wieder zwölf SMS da. Aber so ist das nun
mal.»

Vom Mann kommt keine Reaktion, er tut, als würde er mich
gar nicht hören. Na, ist wahrscheinlich neidisch auf meine
zwölf Kurzmitteilungen.

Die sind allerdings sehr verwirrend. Sie reichen von «Was
soll der Quatsch?» über «Iiiiihh, ist das eklig!» bis zu «Boah,
siehst du scheiße aus!» und «Wer hat denn die Fotos gemacht?». Seltsam, und wann habe ich überhaupt mein Handy auf lautlos gestellt?

Bekomme ein mulmiges Gefühl. Schaue in den Gesendet-
Ordner. Na toll, der Jugendliche hat mich offensichtlich
mit meinem Handy beim Schnarchen fotografiert. Mit of-
fenem Mund und Zunge draußen und Schlabbern inklusive. Uäääwwwhh, nicht so schön. Dann hat er die Fotos
offensichtlich an möglichst viele Nummern aus meinem
Handyadressbuch geschickt. Da kommt noch eine SMS.
Von Micha. «Super Fotos, Horst, voll eklig, coole Sache, hab
sie gleich an alle meine Nummern weitergeschickt und auf
Facebook gepostet. lg Micha.»

Ach wie wunderbar, denke, du mich auch lg.

Mittlerweile tippt und tickert und klappert es im Waggon

richtig heftig. Stimmt, zwischen Mannheim und Frankfurt gibt es im ICE neuerdings ein funktionierendes WLAN. Praktisch jeder hat jetzt einen Laptop vor sich und klackert vor sich hin. Na, da kann ich mir ja mal auf Facebook die Bescherung anschauen.

Sehe schnell, dass Micha ganze Arbeit geleistet hat. Er hat das auch noch vergrößert und die Zunge eingefärbt. Warum macht er das, und wieso grün? Rufe Micha an, er soll den Quatsch löschen. Kriege nur seine Mailbox, will schon wieder auflegen, als irgendetwas in mir befiehlt, ich solle laut in mein Handy sprechen. Rede also ganz laut sinnloses Zeug wie: «Hallo, Micha, ja, ich sitze noch im Zug. Stell dir vor, mittlerweile kann man hier sogar während der Fahrt ins Netz. Ich fahre mit über zweihundert Stundenkilometern und bin im Internet. Kann ich gleichzeitig. Und nebenbei telefoniere ich noch. Wahnsinn, was? Und das Tollste, über dieses Zug-WLAN kann man sich auch ganz einfach in die Computer der anderen reinhacken. Ich habe praktisch vollen Zugriff auf alle Computer hier im Zug!»

Das Klackern verstummt. Einige klappen ihren Laptop zu, alle starren mich an. Zehn Sekunden herrscht völlige Stille. Überlege, wie viele Millionen Bruttosozialprodukt dieser kleine Scherz das Land jetzt wohl kostet. Dann rufe ich: «War nur ein Scherz! Hier, ist nur 'ne Mailbox, nur ein Scherz! Haha! Ich bin Spaßmacher, ich wollte nur mal gucken, was passiert, wenn ich so was sage.»

Ein paar lächeln gequält. Die meisten widmen sich wieder ihrem Computer. Zwei Männer aber packen ihr Gerät weg. Sie trauen mir wohl nicht.

Der Mann an meinem Tisch nimmt sein Handy und telefoniert. Er ruft: «Ey, du glaubst es nicht, aber das Bild, das du mir gerade geschickt hast. Von dem sabbernden, schnar-

15

chenden Mann im Zug. Der sitzt mir gegenüber, grad hat der schon wieder einen Superscherz gemacht!»

Und in der Werbung sagen sie, demnächst wollen sie die Leitungen und alles noch viel schneller machen. Wahnsinn.

Das Haus in Brandenburg

Micha will sich ein Haus kaufen. In Brandenburg. Micha, der schon seit Jahren und bislang noch ohne greifbares Ergebnis überlegt, ob er sich mal eine eigene Blumenvase kaufen sollte, ist plötzlich fest entschlossen, ein Haus zu kaufen. In Brandenburg. Für die Familie. Das ist eine großartige Idee. Findet Micha. So großartig, dass er einige entscheidende und elementare Fragen, die sich so rund um einen Hauskauf auftun, noch gar nicht so richtig bedacht hat. Fragen wie:

– Warum?

Micha starrt mich fassungslos an.

– Wie warum?

Ich präzisiere:

– Warum willst du das Haus kaufen?

– Na, weil das total billig ist.

– Wie billig?

– Na, billig eben, jetzt gerade auch im Vergleich.

– Im Vergleich zu was?

– Na, jetzt so zu anderen Häusern oder einer Wohnung in Berlin.

– Wieso ist denn eine Wohnung in Berlin so viel teurer?

– Na, weil Wohnungen in Berlin total begehrt sind, während diese Häuser in Brandenburg, die … die … na, die sind halt billig.

– C4-Gewinde-Fräsen-Drehbänke sind im Moment auch total billig. Willst du auch eine C4-Gewinde-Fräsen-Drehbank kaufen?

– Was? Wieso sollte ich?

– Siehste.

– Ach, im Wesentlichen ist es ja wegen der Familie.

– Claudia möchte aufs Dorf ziehen?

– Ja, jetzt nicht unbedingt, aber sie findet es auch nicht so schlimm.

– Was ja auch nicht mehr so schlimm ist, ist Fußpilz. Das kann man mittlerweile relativ einfach behandeln.

– Für die Kinder ist es in jedem Fall viel schöner, wenn sie im Garten spielen können und nicht ständig nur vor dem Computer hocken oder so.

– Hmm. Sehen die Kinder das auch so?

– Na ja, die müssen sich natürlich erst einmal daran gewöhnen, dann mehr Zeit im Garten zu verbringen als vor dem Computer.

– Ach so, ist klar. Gott, was bin ich froh, nicht dabei zu sein, wenn die sich daran gewöhnen müssen. Bist du dir wirklich sicher, dass du das Haus wegen der Familie kaufen willst?

– Natürlich, also zumindest teilweise.

– Du meinst wegen des Teils der Familie, der du bist?

– Sehr lustig.

– Hat das Dorf überhaupt DSL?

– Wie?

– Na, es gibt in Brandenburg schon hier und da Orte, die haben noch kein DSL.

– Was? Nein, nein, da gibt's DSL, da … bestimmt, ich glaub, die haben da mehr DSL, als sie brauchen.

– Und Nazis? Gibt's da Nazis?

– Nee, nee, Nazis sind da in der Ecke überhaupt keine.

– Sagt wer?

– Na, der Mann, der das Haus verkaufen will.

– Ach, da ist der Mann aber bestimmt froh, dass es da keine Nazis gibt. Sonst müsste er das Haus ja bestimmt total billig verkaufen.

– Genau. Ich meine, das wäre ja auch …

Micha stutzt. Man kann seine Gedanken förmlich knarzen hören. Dann jedoch wird er plötzlich laut:

– Mann, was soll denn das? Hör mal, das ist doch nicht aus der Welt. Du tust ja so, als wenn das werweißwo wäre. In nur zwanzig Minuten ist man mit dem Fahrrad an der Regionalbahn und dann in nicht mal einer Dreiviertelstunde in Berlin.

– Das ist allerdings super. Diese Nähe zu Berlin. Das hat man ja sonst praktisch nirgends, also außer vielleicht … na ja, in Berlin, da hätte man das eventuell schon auch, oder?

– Dafür hast du in Berlin keine Natur.

– Hör mal, ich bin genauso schnell da draußen wie du hier drinnen. Die Regionalbahn fährt auch andersrum. Und das Beste: Falls es mal regnet, muss ich da gar nicht hinfahren.

– Mein Gott, wir behalten die Wohnung in Berlin natürlich auch.

– Oh, dann ist es aber nicht mehr so billig.

– Erst mal nicht, aber auf lange Sicht schon.

– Auf lange Sicht ist es günstiger, zwei Sachen zu bezahlen?

– Nein, aber im Alter, wenn Berlin zu teuer ist, können wir dann auf dem Land wohnen.

– Im Alter?

– Ja, wenn wir achtzig sind oder so.

– Stimmt, dann ist es sicher total angenehm, zwanzig Minuten im Regen mit dem Fahrrad zur Regionalbahn zu fahren. Oder zur nächsten Pflegestation …

Micha springt auf, stampft mit den Füßen auf den Boden und beginnt mich zu beschimpfen: Alles würde ich ihm vermiesen, immer nur die Probleme sehen. Dann kaufe er das Haus eben nicht, ich hätte später die Schuld, das könne er mir aber versprechen, dass ich dann später die Schuld hätte, und ob ich das eigentlich mit Absicht machen würde, dieses

19

Anderen-immer-alles-vermiesen-Wollen. «Danke», brüllt er, «dass du mir den Tag versaut hast! Danke, danke, danke!!!», und poltert agil fluchend aus dem Lokal.

Ich rufe Claudia an: «Hallo, Claudia, ich bin's. Ja, er wankt zumindest. Wenn du und die Kinder jetzt noch ein wenig nachlegt, müsst ihr vielleicht doch nicht in dieses Dorf nach Brandenburg ... Keine Ursache ... gern geschehen ... Tschüs.»

Früher haben mich höchstens alle halbe Jahre mal Freunde oder Freundinnen gebeten, mit ihren jeweiligen Partnern zu reden, weil die plötzlich irgendwelche saubilligen Häuser oder Bauernhöfe in Brandenburg kaufen wollten. Mittlerweile passiert das fast jede Woche. Wenn das so weitergeht, kann ich meine Anti-Makler-Tätigkeit bald als Gewerbe anmelden. Von den Gewinnen kaufe ich mir dann vielleicht ein Haus in Brandenburg.

Gepresste Lebensqualität

Ich habe eine elektrische Saftpresse zum Geburtstag geschenkt bekommen.

Dies hier nur mal so einleitend, damit niemand denkt, mir würde immer nur die Sonne aus dem Hintern scheinen. Mir passieren auch schlimme Sachen. Zum Beispiel habe ich eine elektrische Saftpresse zum Geburtstag bekommen. Wenn man erst einmal so weit ist, dass die Menschen es einem nicht mehr zutrauen, das Obst roh, am Stück beißen zu können, sondern einem elektrische Saftpressen schenken, dann weiß man, was die Stunde geschlagen hat. Mit dem Obst fängt es an, aber bald schon wird dir diese Maschine vermutlich auch das Mittag- und Abendessen pürieren. Das ist der Lauf der Welt. Mit Brei beginnen wir, mit Brei enden wir. Die Klammer des Lebens, letztlich ist sie das Püree. Aber am Ende sind wir natürlich froh, dass wir das Püree haben. Die Welt ist sonst schon hart genug. Und ungerecht.

Das wusste ich allerdings bereits, bevor ich eine elektrische Saftpresse zum Geburtstag geschenkt bekommen habe. Von den Eltern der Freundin. Weil ich doch mit dem Rauchen aufgehört habe, schreiben sie, da würde ich mir doch sicher gerne mal öfter einen frischen Saft machen …

Großartige Logik. Jetzt, wo ich nicht mehr rauche, habe ich ja praktisch den ganzen Tag nichts mehr zu tun. So als pensionierter Raucher muss man sich ja erst mal wieder neue Aufgabenfelder suchen. Und wie ließe sich so eine innere Leere besser füllen als mit Saft? Dass ich da nicht selbst drauf gekommen bin. In nur zehn Sekunden, steht auf dem Karton, in nur zehn Sekunden macht mir diese Maschine einen frischen, vitaminreichen, gesunden und leckeren Saft. Das sei so praktisch.

Zehn Sekunden? Zehn Sekunden dauert es ungefähr, wenn ich mir an einem der vielen Stände in Berlin einen fertigen, frischgepressten Frucht- oder Gemüsesaft kaufe. Das ist praktisch. Wenn ich diesen Saft mit der Maschine machen will, muss ich erst das Obst kaufen, es nach Hause tragen, waschen, schälen, zuschneiden, die Maschine aufbauen, zehn Sekunden Saft pressen und hinterher das Ding ewig wieder reinigen. Ich wäre ungefähr einen halben Tag beschäftigt. Das ist nicht praktisch.

Damit sich diese Saftpresse lohnt, müsste ich in die Großproduktion wechseln. Immer gleich mehrere Hektoliter Saft herstellen. Dann würde es sich vom Aufwand her vielleicht rechnen. Aber so viel kann ich doch gar nicht trinken. Was mache ich dann mit dem ganzen überschüssigen Saft? Ihn in Plastiktüten heimlich nachts illegal über die Grenze nach Liechtenstein schaffen? Als stille Altersvorsorge? Das führt doch zu nichts.

Obwohl ich eine Altersvorsorge nun natürlich brauche, und zwar eine richtig gute, denn ich habe ja mit dem Rauchen aufgehört. Da lohnt sich jetzt eine Altersvorsorge. Anfangs war ich ja gar nicht sicher, ob es eine kluge Entscheidung ist, mit dem Rauchen aufzuhören. Diese ganze Welt der Nichtraucher, ich wusste wirklich nicht, ob ich da reinpasse, ob das überhaupt was für mich ist. Man weiß ja so wenig über die Nichtraucher, wie die so leben, was die den ganzen Tag über machen, ob die es auch manchmal schön haben. Ich war da eher skeptisch. Doch jetzt, wo ich schon seit mehr als einem Jahr nicht mehr rauche, kann ich guten Gewissens sagen, es hat nicht nur Nachteile, das Nichtrauchen.

Einer der wesentlichen Gründe beispielsweise, derentwegen ich immer überzeugt war, ich müsse rauchen, war, weil ich dachte, ich könne mich mit Zigarette viel besser konzentrieren. Eigentlich könne ich mich nur mit Zigarette konzentrieren. Denn die Zigarette hilft mir total, die Gedanken zu fokussieren, zu ordnen und so weiter.

Daher war es für mich sehr überraschend zu bemerken, dass ich, seit ich nicht mehr rauche, eine völlig andere, viel größere Klarheit in meinen Gedanken habe. Dort, wo vorher immer so ein Riesenwust war, wo ich an tausend Sachen gleichzeitig gedacht habe und permanent Angst hatte, ich könnte etwas vergessen, da habe ich mittlerweile nur noch einen ganz einfachen, ganz klaren Gedanken. Eben den Gedanken:

«Ich würde gern rauchen!»

Und das ist wirklich entspannend, also nicht mehr an tausend Sachen gleichzeitig denken zu müssen, sondern nur noch diesen einen, einzigen Gedanken zu haben, und auch nie die Angst haben zu müssen, ich könnte den vergessen. Nein, den vergisst man nicht. Der ist immer da. Jeden Tag, immer wieder, ganz treu, und er ist auch nicht beleidigt, wenn man dann nicht rauchen möchte. Selbst wenn man ihn wütend wegschickt, bleibt er ganz gelassen: «Ach ja, ist kein Problem, rauchen wir eben heute nicht, ich komm einfach morgen wieder und frag dann nochmal.»

Viele nichtrauchende Freunde hatten mir auch versprochen, ich würde neue Geruchs- und Geschmackserlebnisse haben, wenn ich nicht mehr rauche. Wenn nach fünf oder sechs Wochen die Atemwege und Geschmacksknospen wieder frei wären, dann würde ich in ganz neue Geruchs- und Geschmackswelten eintauchen, darum würden sie mich richtig beneiden. Nach rund einem Jahr des Nicht-mehr-Rauchens kann ich guten Gewissens feststellen, das Einzige, was ich heute rieche, was ich vorher nicht gerochen habe, ist Zigarettenrauch. Ein wunderbares Erlebnis, da beneide ich mich aber selber drum. Und zu den neuen Geschmackswelten, die ich entdecke, seit die Geschmacksknospen sich wieder geöffnet haben, möchte ich sagen: Ungefähr die Hälfte all der Sachen, die ich mir immer gerne für mich selbst gekocht habe, schmecken mir nicht mehr. Gegessen werden sie aber natürlich trotzdem.

Mein Kioskbesitzer fand es übrigens gar nicht witzig, dass ich aufgehört habe zu rauchen. Er, also mein persönlicher Zulieferbetrieb, war wirklich beleidigt, hat sogar ein bisschen patzig reagiert und diese ganz eigene Form der Bestrafung angewandt. Diese Bestrafung mit der Anrede «Der feine Herr!».

Sobald ich in den Kiosk kam, fing er an: «Oh, der feine Herr guckt auch mal wieder vorbei, ja, der feine Herr raucht ja nicht mehr. Das hat er nicht mehr nötig, der feine Herr, muss er keine doofen Zigaretten mehr kaufen. Möchte der feine Herr denn sonst irgendwas? Eine Zeitung vielleicht? Lesen tut der feine Herr ja wohl noch!»

Das war zwar anstrengend, aber doch auch ein bisschen hübsch, weil es mich an meine Kindheit erinnert hat. Mein Vater war der Letzte gewesen, der diese Form der Bestrafung angewandt hatte, also diese Bestrafung mit der Anrede «Der feine Herr!». Er hat immer wieder Sachen gesagt wie: «Oh, der feine Herr war wieder bis vier Uhr nachts unterwegs!» Und das meinte er nicht wirklich anerkennend. Oft hat er dann auch noch Sätze nachgeschoben wie: «Wer saufen kann, kann auch aufstehn!» Ein Satz, der übrigens, wie ich aus langjähriger Erfahrung weiß, überhaupt gar nicht stimmt. Im Gegenteil. Man soll sich da bloß nicht drauf verlassen. Ich habe es mehrfach probiert, immer wieder, wie oft dachte ich: «Um Gottes willen, du musst morgen früh raus, trink noch!»

Es hat nicht einmal funktioniert. Nicht ein einziges Mal. Und das Schlimme ist: Anfangs denkt man dann ja auch noch immer, man selbst sei schuld. Man sei nicht konsequent genug gewesen. Man müsse konsequenter sein. Man müsse nur mehr trinken. Dann wird es funktionieren. Es funktioniert nicht, egal, wie viel man trinkt, ich habe alles probiert, und ich war extrem konsequent. Ich rate da dringend von ab.

Es klingelt. An der Tür. Ich öffne. Ein Mann steht davor, er sagt, er suche eine Frau, ob hier vielleicht eine wohnen würde.

Ich sage: «Die ist verreist, rede selbst schon mit meinen Küchengeräten.»

Frage ihn, ob er einen Saft will. Er sagt nein, er habe selbst gerade erst Geburtstag gehabt.

Ich könnte auch Heidi Klum sein

Julia sagt: «Das Schönste am Winter ist der Frühlings-
anfang.» Julia sagt oft solche Sachen. Also so originelle
Wahrheiten. So Sätze, die man praktisch direkt auf Kühl-
schrankmagneten drucken könnte oder auf Postkarten oder
in alternativen Einrichtungshauskatalogen.
Julia ist eigentlich nett. Sehr nett sogar. Aber manchmal auch
anstrengend. Und Julia sucht einen Job. Das wäre okay. Wohl-
gemerkt, ich habe nicht gesagt: Julia sucht Arbeit. Ich habe
gesagt, Julia sucht einen Job. Also einen Job, der möglichst
keine Arbeit macht, dafür aber Geld einbringt. So etwas ist
nicht leicht zu finden. Exakt so einen Job habe ich auch mein
halbes Leben lang gesucht. An sich wäre das also nicht so
schlimm. Nur leider sucht Julia diesen Job bei mir. Deshalb
überrascht sie mich mit einem spektakulären Vorschlag:
– Sag mal, Horst, willst du mich nicht als Personal Body
Coach einstellen?
– Als was?
– Als Personal Body Coach.
– Seh ich aus, als wenn ich so was brauche?
– Horst, bitte. Wenn jemand so aussieht, dann du. Engagiere
mich, und ich bringe dich bis zum Herbst so weit, dass du
beim Berlin-Marathon mitlaufen kannst.
– Wie lange mitlaufen?
– Sagen wir mal, bis fast ins Ziel.
– Julia, wieso solltest du das können? Du bist doch selbst gar
nicht sportlich.
– Also, das ist doch nun wohl völlig egal, Horst. Carusos
Gesangslehrer konnte auch nicht singen, und Delfintrainer
müssen ja selbst auch nicht aus dem Wasser durch Reifen
springen können.

– Julia, ich möchte nicht, dass du mich mit Delfinen vergleichst. Das ist entwürdigend.

– Gut, meinetwegen, dann nehmen wir eben ein anderes, besseres Beispiel. Sagen wir, die Dompteure von Zirkusrobben müssen ja auch nicht selbst einen Ball auf der Nase balancieren können. Zufrieden?

– Kann ich das Beispiel mit den Delfinen nochmal hören?

– Hör mal, Horst, alle haben heute Personal Body Coaches. Madonna, George Clooney, Heidi Klum. Fällt dir was auf?

– Was soll mir da denn auffallen?

– Na, wie sehen die aus, und wie siehst du aus?

– Du meinst, der einzige Unterschied zwischen Heidi Klum und mir ist der Personal Body Coach?

– Der und die Haare natürlich. Ein Personal Body Coach ist heutzutage das Geheimnis des Erfolgs. Das braucht man einfach. Wenn Heidi Klum keinen Personal Body Coach hätte, dann würde die auch ganz anders aussehen, dann wäre aber Schluss mit «Germany's Next Topmodel». Dann müsste die auch Einrichtungssendungen machen oder Familientausch oder die Bullin von Tölz.

– Was ist denn eine Bullin?

– Das ist doch nur ein Beispiel, dann eben die Kuh von Tölz.

Ich nicke.

– Okay, alles, was du sagst, klingt sehr logisch und durchdacht. Wenn es wärmer wird, fangen wir an.

Julia stutzt.

– Was? Echt?

– Jaja, sobald es Frühling wird, legen wir los.

Sie ist tatsächlich sprachlos. Guckt mich nur noch mit einer leicht ungläubigen Freude an. Allein dieser Blick ist mir das Training wert. Wenn es überhaupt dazu kommt, denn bald wird sie ohnehin nicht mehr mit mir reden. Sobald sie nämlich merkt, dass ich für sie eine Bewerbung mit ihrem Foto an «Bauer sucht Frau» geschickt habe. Damit wird sie vielleicht doch ein wenig beschäftigt sein.

Gibt es Gott?

Samstagmorgen. Sitze in der Küche und mache Pfannkuchen für die achtjährige Tochter. Seit gut einer Stunde bin
ich damit jetzt schon beschäftigt. Ich bin noch nicht sehr
weit. Also genau genommen denke ich über das Rezept für
Pfannkuchen nach. Eier, Mehl, Milch, Wasser, Salz, Öl, das
ist so weit klar, aber in welchem Verhältnis?
Könnte das Rezept googeln. Will ich aber nicht. Wer alles
immer gleich googelt, denkt über gar nichts mehr nach. Der
Mensch ist nicht dafür gemacht, immer alles gleich sofort
zu wissen. Auf Ahnungslosigkeit und Fehler gehen einige
der größten Erfindungen und Entdeckungen der Menschheit zurück. Hätte Kolumbus seinerzeit den Seeweg nach
Indien gegoogelt, wäre Amerika womöglich nie entdeckt
worden. Was hätte das für die weitere Entwicklung der Welt
bedeutet? Und speziell, wer hätte dann überhaupt Google
erfunden?
Dazu kommt: Google weiß ja auch gar nicht alles. Google tut
nur immer so schlau. Tatsächlich ist Google aber gar nicht
immer der Hirnkrösus. Als ich dort «Was wäre passiert,
wenn Kolumbus den Seeweg nach Indien gegoogelt hätte?»
eingegeben habe, wusste Google auch keine Antwort. Hat
stattdessen auf Google verwiesen.
Vor Wochen hab ich mal nach dem Sinn des Lebens gegoogelt. Unter anderem wurde mir hier eine Mode-, ins-
besondere Handtaschenfirma aus der Schweiz empfohlen.
Wenn Google Handtaschen aus der Schweiz für den Sinn
des Lebens hält, dann frag ich die doch nicht mehr nach
einem Pfannkuchenrezept. Da ist doch das Vertrauensver-
hältnis nachhaltig gestört.
Früher hat man ja in solchen Fällen die Mutter angerufen.

Die hat schnell das Rezept durchgegeben und dann noch circa eine Stunde lang gefragt, wie es einem denn so geht. Damals hat man sich die Pfannkuchen noch richtig verdienen müssen.

Google fragt nie, wie es mir so geht. So etwas interessiert Google nämlich gar nicht. Also zumindest nicht wirklich. Wo ich wohne, wie ich wohne, was ich beruflich mache, wann ich wo schon mal gewesen bin, welche Filme ich gucke, welche Spiele ich spiele, welche Musik ich mir wann wo herunterlade. Das alles und bestimmt noch viel, viel mehr würde Google grundsätzlich durchaus interessieren. Aber wie es mir so geht, das ist Google schnurzpiepegal. Also im Prinzip. Nur manchmal verweist es vielleicht mal auf Seiten, wo dann Pop-ups aufgehen, die mich fragen, ob ich einsam bin oder ob ich meinen Traumpartner in meiner näheren Umgebung finden will. Ab und an sind diese Pop-ups auch noch sehr, sehr viel direkter, aufdringlicher und indiskreter. So etwas hätte meine Mutter niemals in dieser Form angesprochen, und dafür bin ich ihr dankbar. Google mag ja an der Börse oder als gigantische Internet- und Wirtschaftsmacht der große Larry sein, aber die Klasse, das Format einer richtigen Mutter, das erreicht es eben doch nie. Familientechnisch gesehen, ist Google eher so was wie der große, etwas nervige Klugscheißer-Bruder. Nur dass Google einen nicht auch noch verkloppt. Also zumindest bislang nicht.

Das Kind kommt in die Küche. Sie fragt, ob ich immer noch nicht den Teig angerührt habe. Ich murmle: «Weiß nicht, nee, glaube nicht, weiß gerade das Verhältnis der Zutaten nicht.» Sie lacht, schüttet die Sachen zusammen, rührt um und sagt: «So, der muss jetzt noch zwanzig Minuten ziehen.» Gibt mir dann einen Kuss und geht wieder raus.

Na prima, bis vor drei Jahren wusste meine Mutter immer

alles, demnächst kann ich wohl meine Tochter fragen. Nur für die paar Jahre dazwischen brauchen Männer eigentlich Google. Früher, als es Google noch nicht gab, waren sie in der Zeit zwischen Mutter und eigenen Kindern eben einfach mal ein paar Jahre lang doof. Ging auch.

Man kann nicht alles wissen. Soll man auch gar nicht. Es muss immer noch Geheimnisse, Unklarheiten, offene Fragen geben, sonst verlöre unsere Existenz ihren Sinn. Die Frage etwa, ob es Gott jetzt gibt oder nicht, wird Google niemals beantworten können. Schon aus marktwirtschaftlichen Gründen könnte es sich Google niemals leisten, sich in der Gottesfrage festzulegen, weil sie dann womöglich eine oder mehrere Weltreligionen verärgern würden. Aber auch aus logischen Gründen kann es keine Antwort geben. Denn wenn es Gott wirklich gibt, wird der natürlich um jeden Preis verhindern, dass jemand seine Existenz nachweisen kann, was wiederum heißt: Wenn jemand hieb- und stichfest beweist, dass es Gott gibt, bedeutet dies, dass es keinen Gott gibt, weil ja Gott, wenn es ihn denn gäbe, den Beweis seiner Existenz verhindert hätte. Deshalb gibt es ja auch keine seriösen Gottesbeweise, sondern nur Gottesindizien.

Hierzu ein Beispiel: Mein alter Geschichtslehrer hat auf Fragen, die er nicht beantworten konnte, immer gesagt: «Fragt mich das nochmal, wenn ich es gerade weiß.» Klingt verschroben, aber ich verstehe heute genau, was er damit gemeint hat. Man hat Phasen, da weiß man irgendwie total viel, und dann aber auch Phasen, da weiß man eher wenig bis sehr, sehr wenig. Einfach so. Diese Phasen können innerhalb nur eines Tages plötzlich und mehrfach wechseln. Immer wieder, hin und her. Wer Glück hat, macht in den Phasen, wo er gerade sehr, sehr wenig weiß, etwas Sinnloses, wie zum Beispiel Staubputzen oder sich beim Mobilfunkanbieter beschweren. Wer Pech hat, ist in den Phasen, wo er gerade sehr viel weiß, praktisch immer am Schlafen. Dieses Phänomen kenne ich gut.

Und wenn man sehr, sehr, sehr viel Glück hat, dann kann man vielleicht auch einmal die ganz seltenen Phasen erreichen, in denen man alles weiß. Komplett alles.

Früher, nachts an Kneipentischen, habe ich diese Phasen tatsächlich manchmal mit Freunden erreicht. Irgendwann, nach vielen Stunden, wussten wir auf einmal alles. Absolut alles. Doch am nächsten Morgen war alles wieder weg. Keiner konnte sich mehr erinnern. Sehr mysteriös. Beim nächsten Mal waren wir schlauer. Da haben wir, als wir plötzlich wieder alles, aber absolut alles wussten, alle zusammen alles auf Band gesprochen. Aber am nächsten Morgen war auf diesem Band nur noch wirres, sinnloses Gelalle. So. Und jetzt frage ich: Was muss das für eine große, ungeheure Macht sein, die so etwas bewerkstelligen kann? Und sich vor allem auch die Mühe macht, unser aufs Band gesprochenes Wissen durch sinnloses Gelalle zu ersetzen? Als Indiz finde ich das ziemlich stark, aber googeln kann man das natürlich nicht.

Das Wunder der Schale

In unserer Küche steht eine ziemlich große, massive Steingutobstschale. Sie heißt Pirmin. Diese Schale, also Pirmin,
ist leider ein bisschen hässlich, dafür aber sehr, sehr schwer.
Ich werde nie vergessen, wie Pirmin zu ihrem Namen gekommen ist, und auch nicht, wie sie in unseren Haushalt
gelangt ist. Angefangen hat die ganze Geschichte in Grassau,
einer kleinen Stadt in Bayern, nach einem Auftritt.
Eigentlich, sagte der Veranstalter damals, eigentlich bekä-
men die Künstler von ihm nach dem Auftritt immer einen
großen Blumenstrauß, aber das sei ja nun Quatsch in meinem Falle, wo ich doch mit der Bahn unterwegs sei und,
wie er gesehen habe, noch sieben Folgeauftritte in Bayern
hätte, da sei das ja Quatsch mit so einem Riesenblumen-
strauß, den ich dann immer durch die Hotelzimmer und
die Züge schleppen müsste, eine ganze Woche lang, der
reinste Quatsch sei das ja dann mit so einem Blumenstrauß,
da käme ja in Berlin praktisch gar nichts mehr von an, von
diesem Blumenstrauß, weshalb das ja nun wohl Quatsch sei.
Und deshalb habe man sich für ein vernünftigeres, robus-
teres Geschenk entschieden, nämlich für eine Spezialanfertigung aus der örtlichen Steingutmanufaktur, eine schöne,
schwere, massive Steingutobstschale.
Hui, da habe ich mich aber gefreut.
Die Schale passte nicht so recht in den Koffer. Also natürlich
passte sie rein, aber dafür musste ich dann Unterhosen und
T-Shirts in einer Plastiktüte extra tragen. Gott sei Dank aber
nur zwei Tage lang, denn zwischen den Stationen drei und
vier oder, genauer gesagt, zwischen Mühldorf am Inn und
Töging, da habe ich dann diese Tüte mit den Unterhosen
und den T-Shirts in der Regionalbahn vergessen. Logisch.

Wer Töging in Niederbayern kennt, weiß, dass es dort kein Geschäft gibt, das alltagstaugliche, robuste, reisefreundliche Herrenunterbekleidung verkauft. Wer es nicht kennt, weiß es jetzt, braucht es sich aber meines Erachtens nicht unbedingt zu merken.

Na ja, ich dachte mir schließlich: Gott, so schlimm ist es nun auch wieder nicht. Du bist ja alleine unterwegs. Und außerdem kann man da doch viel mit Waschen machen. Also mit Sich-selbst-Waschen. Das wird ja oft unterschätzt. Die Wirkung vom Sich-selbst-Waschen. Gerade Männer unterschätzen das ja besonders häufig. Diesen ganzen Bereich Eigengeruch. Wobei man andererseits diese ganze Thematik aber auch nicht aus dem Zusammenhang reißen darf. Was im privaten oder persönlichen Bereich eventuell unfreundlich oder rücksichtslos wirkt, Stichwort Eigengeruch oder Sich-selbst-Waschen, kann global gesehen, Stichwort Umwelt, Grundwasserbelastung und Klimakatastrophe, auch sehr verantwortungsvoll sein. Aber gerechterweise muss man sagen, die wenigsten Männer, die stinken, stinken, um die Welt zu retten. In Töging dachte ich mir einfach, Gott, es merkt ja letztlich gar keiner, also den Geruch, und die, die vielleicht doch was riechen, die kennst du gar nicht. Und ging ja dann auch. Sowieso nimmt man immer viel zu viel mit auf Reisen. Oft auch eigentlich völlig unnützes Zeug, wie zum Beispiel große, massive, schwere Steingutobstschalen.

Aber egal, nach sieben beschwerlichen Reisetagen konnte ich daheim in Berlin endlich meine Schale präsentieren, nicht ohne Stolz. Die Freundin kleidete ihre Begeisterung in die Worte: «Boah, is die hässlich! Die kannst du direkt zu den Flohmarktsachen in den Keller bringen.»

Ich wies so sachlich, wie es mir nur möglich war, darauf

hin, dass ich diese Schale eine Woche lang durch quasi ganz Bayern geschleppt hatte. Sie antwortete: «Na, dann wirste ja die paar Treppen bis in den Keller jetzt wohl auch noch schaffen. Außerdem, wie riechst du eigentlich?»

Ich wies nochmals, nun bereits mit etwas brüchiger Stimme, darauf hin, dass ich diese Schale eine komplette Woche kreuz und quer durch das erstaunlich weitläufige und hügelige bayerische Land geschleppt und dafür zudem meine mehr oder weniger gesamten Unterhosen und T-Shirts geopfert hatte.

Die Freundin sagte, die Berliner Mauer zu bauen hätte auch sehr viele Opfer gekostet, jede Menge Arbeit und Mühe gemacht und deutlich länger als sieben Tage gedauert. Hätte man die jetzt deshalb etwa stehenlassen sollen?

Ich flüsterte heiser, sie könne doch wohl nicht die Berliner Mauer, das Symbol für Teilung, Reisebeschränkung und Schießbefehl, mit einer Obstschale vergleichen.

Das machte sie nachdenklich. Sie hielt kurz inne und befand dann: «Ich denke darüber nach, während du die Schale in den Keller bringst.»

Also gut, das war ja nun wohl ein Konflikt. Als gewiefter Pädagoge weiß ich natürlich, wenn man versucht, Konflikte mit Argumenten oder Vernunft zu lösen, dann gibt es nur Streit. Bei Konflikten muss man verwirren und ans Herz appellieren. Also sagte ich:

«Sie heißt Pirmin.»

«Wer?»

«Die Schale, sie heißt Pirmin.»

«Du hast der Schale einen Namen gegeben?»

«Ja.»

«Das glaub ich dir nicht, das sagst du nur, weil du denkst, es würde mir schwererfallen, die hässliche Schale wegzuwerfen, wenn sie einen Namen hat. Als wär sie ein Meerschweinchen!»

«Und wennschon. Pirmin heißt sie trotzdem.»

«Mein Lieblingsonkel heißt Pirmin.»

«Ich weiß, aber das ist jetzt wirklich Zufall. Ich habe auch schon darüber geschmunzelt, dass die beiden zufällig gleich heißen.»

Ihre Augen funkelten mich an, ein Blick, der einerseits Wut verriet, andererseits aber durchschimmern ließ, dass sie auch ein klein wenig stolz auf mich war. Zumindest interpretierte ich das so. Im Stile einer amerikanischen Präsidentin, die ihrem Undercoveragenten wider besseres Wissen eine letzte Fristverlängerung gewährt, bevor sie unweigerlich den nuklearen Erstschlag wird befehlen müssen, verkündete die Freundin: «Also gut, eine Woche darf Pirmin hierbleiben, aber dann …», und ging entschlossenen Schrittes aus dem Raum.

Noch am selben Nachmittag kaufte ich vier Kilo Äpfel. Doch das schaffte nicht einmal Pirmin. Neun Äpfel passten in die Schale, den Rest legte ich davor. Und dann geschah das Wunder. Nach fünf Tagen war deutlich zu sehen, wie die letzten beiden Äpfel neben der Schale schon ziemlich oll und runzlig wurden. Die neun in der Schale jedoch waren knackig wie am ersten Tag. Wir waren baff. Ich muss zugeben, ich habe bis dahin auch nicht gewusst, wie extrem gut Steingutschalen Obst frisch halten können, und Pirmin, wohl weil er eine Grassauer Spezialanfertigung war, konnte es nochmal ganz besonders gut.

Auch die Freundin war tief beeindruckt. Selbstverständlich wurde Pirmin nun von der Präsidentin begnadigt und durfte bleiben, bis heute. Längst ist die Schale allen ans Herz gewachsen. So sehr, dass ich mittlerweile eigentlich sogar zugeben könnte, damals die Äpfel in Pirmin nach fünf Tagen gegen frische ausgetauscht zu haben. Aber das muss ja nicht sein. Die beste Art, Konflikte zu lösen, sind eben nach wie vor Wunder. Und die besten Wunder macht man immer noch selbst.

Fahrradskelette

Donnerstagmorgen. Sitze am Frühstückstisch und bin müde. Unendlich müde. Es ist wie verhext. Wenn ich am Frühstückstisch sitze, bin ich müde. Wenn ich im Bett liege, habe ich Hunger. Immer am falschen Ort zur falschen Zeit. Die Uhr zeigt 8.50 Uhr. Wenn das stimmt, frühstücke ich schon seit über einer Stunde und habe nicht einmal ein Brötchen geschafft. Auch bei der Zeitung bin ich noch immer beim Kommentar auf der ersten Seite. Seit über einer Stunde. Ich muss beim Frühstücken eingeschlafen sein. Einfach so. Oder zumindest weggedöst.

Stelle fest, das Brötchen, an dem ich seit einer Stunde esse, ist noch gar nicht geschmiert. Es ist nicht einmal aufgeschnitten. Also, um ganz genau zu sein, ist da nicht einmal ein Brötchen. Seit rund einer Stunde sitze ich am leeren Tisch und bilde mir ein, ich würde frühstücken. Regungslos. Die sogenannte Frühstücksstarre. So gesehen, ist es eigentlich kein Wunder, wenn ich nicht satt werde.

Höre, wie Herr Carl unten im Innenhof die Fahrräder beschimpft. Mist, selbst wenn ich wollte, könnte ich jetzt keine Brötchen holen.

Bei uns im Hof stehen drei Fahrräder, die offensichtlich niemandem gehören. Genau genommen sind es mehr Fahrradskelette. Diese Fahrradskelette standen schon dort, glaube ich, als ich vor fast zehn Jahren eingezogen bin. Sie sind und waren einfach immer da. Wie Fahrradgeister oder Zombies. Nicht mehr richtig am Leben, aber eben auch nicht richtig tot und erlöst.

Herr Carl aus dem ersten Stock regt sich permanent über diese Fahrräder auf. Jeden Tag, Punkt 8.55 Uhr, steht er im Innenhof und beschimpft die Fahrräder und das Schwein, das die hier hat stehenlassen, und die Hausverwaltung, weil sie die untoten Fahrräder nicht wegschafft. Die Hausverwaltung sagt, die Fahrräder sind abgeschlossen und damit sei sie nicht zuständig. Deshalb müssen die Fahrräder wohl für immer dort stehen bleiben und verrotten.

Schade, weil, die wesentlichen Teile sind ja noch da. Wenn man sich mal die Mühe machen würde, Reifen, Bremsen und Licht zu reparieren, könnte man da wahrscheinlich noch prima mit fahren. Aber das sagt sich andererseits auch wieder so leicht.

Was könnte man nicht alles machen, wenn man sich mal die Mühe machen würde? Wenn man sich mal die Mühe machen würde, wäre praktisch alles möglich. Da gibt es keine Grenzen, da wachsen die Bäume in den Himmel. Dem, der sich mal die Mühe macht, gehört die Welt. Alles könnte man nochmal verwenden, selbst total verbrauchte, abgestandene, uralte Luft. Wenn man sich mal die Mühe machen würde, da eine Gummiblase, ein Ventil und einen runden Lederbesatz drumzumachen, könnte man da nochmal richtig gut mit Fußball spielen.

Sehe, dass die Zeitung, die ich lese, schon rund zweieinhalb Jahre alt ist. Genau, das Altpapier wegbringen, das wäre auch mal eine Idee. Wo man sich nicht überall mal die Mühe machen könnte. Dann hätte ich endlich wieder Platz für neue Zeitungen. Natürlich kann man sich eine Weile mit einem schlichten Wenden des Altpapierstapels oder zumindest dem Wenden von größeren Teilen des Altpapierstapels behelfen und hat dadurch eine mehr oder weniger neue Zeitung oder eine Zeitung, die sich wenigstens anfühlt, als wäre sie neu. Also eine Art gebrauchtes «neu». Aber das ist nun echt nichts Ungewöhnliches. Richtig vieles von dem, was einem heutzutage so als «neu» angeboten wird, ist ja letztlich doch eher so ein gebrauchtes «neu». Das war allerdings schon immer so. Das ist sozusagen auch nichts Neues.

Im ersten Absatz des Zeitungsartikels, den ich jetzt schon seit über einer Stunde zu lesen angefangen habe, steht, dass die Funktionäre gegen einen Boykott der Olympischen Spiele in China sind. Hui, über diesem Artikel bin ich, glaube ich, in den letzten zweieinhalb Jahren schon viermal weggedöst. Die IOC-Funktionäre finden, man solle einen dicken Trennstrich zwischen Sport und Politik ziehen. Ach, wenn sich doch jemand mal die Mühe machen würde, einen dicken Trennstrich zwischen den IOC-Funktionären zu ziehen. Was bin ich froh, dass ich damals nicht Leistungssportler geworden bin. Habe ja lange mit dem Gedanken gespielt, mir überlegt: Mensch, Leistungssport, das ist doch super, dann bist du mit Mitte dreißig mit dem Beruf fertig und kannst vielleicht noch ein bisschen Trainer oder Sportjournalist sein, oder du machst einen Jazzclub auf oder eine Tankstelle. Vorher gehste erst mal zu Olympia, Auswahlkader, Medaillen, Interviews, pipapo, diese ganze Rutsche. Eigentlich war das alles schon mehr oder weniger geregelt und beschlossen. Aber dann habe ich irgendwie den Bus zum ersten Training verpasst, und während ich auf den nächsten wartete, bin ich weggedöst, und noch bevor ich wieder so richtig wach war, war ich auf einmal Mitte dreißig, und die Zeit meiner größten sportlichen Leistungsfähigkeit war vorbei.

Aber ehrlich gesagt, ich vermisse den Leistungssport kaum. Schließlich bin ich auch in der Lage, mir abseits von Wettkampf und medialer Öffentlichkeit meine großen Herausforderungen zu suchen. Wie kürzlich, als ich mal eben schnell das neue Speisekammerregal aufgebaut habe. Obwohl, zu behaupten, ich hätte es aufgebaut, ist jetzt ein klein wenig übertrieben, und «mal eben schnell» trifft es auch nicht so ganz. Eigentlich hätte ich das Altpapier wegbringen sollen, aber weil ich dazu keine Lust hatte, habe ich gesagt, ich baue noch eben schnell das Speisekammerregal auf, und danach bringe ich das Altpapier weg. Im Nachhinein muss ich zugeben, diese Art der Vermeidungsstrategie oder Prokrastination war nicht sehr umsichtig. Als wenn man so einen leichten, etwas unangenehmen Koriandergeschmack im Mund hat, und um diesen Nachgeschmack wegzubekommen, dann drei Portionen Gyros mit Tsatsiki isst, dazu fünf Bier mit Korn trinkt und zwischendrin drei bis vier billige Zigarren raucht. Natürlich ist man dann den Koriandergeschmack los, aber sehr umsichtig ist es trotzdem nicht.

Das Speisekammerregal war genau genommen eine Speisekammerregalsystemlösung, welche wir von Freunden geschenkt bekommen haben, die wegen eines Umzugs nach Süddeutschland ihre Berliner Wohnung auflösen mussten. Eine Speisekammerregalsystemlösung ist so etwas wie eine Schrankwand, nur eben für Leute, denen eine Schrankwand zu spießig wäre. Also hat man für diese Leute die Regalsystemlösung erfunden, damit die sich modern und zeitgemäß einrichten können und trotzdem nicht auf ihre Schrankwand verzichten müssen. Das ist ähnlich wie bei Menschen, die ein wenig stolz darauf sind, keinen Fernseher mehr in der Wohnung zu haben, und stattdessen ganz medienkompetent am Computer oder auf dem Handy «Lafer kocht lecker Lichter» gucken.

Da unsere Speisekammer sehr klein ist, sollte natürlich nur ein Teil der Regalsystemlösung darin aufgebaut werden. Den Rest wollte ich irgendwann im Keller aufbauen, um da auch mal ein bisschen Struktur und Ordnung reinzubringen.

Es hat dann doch mehrere Tage gedauert. Viel wurde geschimpft, mehrfach sagte man mir ein Scheitern voraus, und ich habe erstmals in meinem Leben von brennenden Regalsystemlösungen geträumt. Aber irgendwann war es mir tatsächlich gelungen: Durch einen beherzten, unkonventionellen, nicht selten gewaltsamen Aufbau hatte ich rund die Hälfte der Systemlösung irgendwie in der Speisekammer untergebracht. Allerdings war die Speisekammer dadurch auch praktisch voll und für die Lebensmittel und das sonstige Gerümpel, das dort immer rumstand, nicht mehr so richtig Platz. Zumindest ließ sich nun sehr viel weniger in der Speisekammer unterbringen als vorher.

Diese übrigen Sachen verteilten sich schnell auf die ganze Wohnung und leider teilweise auch bis ins Treppenhaus. Natürlich nur übergangsweise, also für die kurze Zeit, bis ich das Speisekammerregal nochmal umgebaut oder mit der anderen Hälfte der Regalsystemlösung im Keller neuen Stauraum geschaffen haben würde. Nachdem dieser kurze Moment dann aber ein paar Monate angedauert hatte, begann es in der Familie und auch in der restlichen Hausgemeinschaft zu rumoren. Es entstanden Spannungen. Spannungen, die sehr bald auch mich erreichten.

Um wieder etwas Luft beziehungsweise Platz zu gewinnen, habe ich dann einiges von dem Speisekammerzeug in Kartons verpackt und mit der Post an mich geschickt. Dadurch war es vier bis fünf Tage unterwegs, und wir hatten so lange wieder ein bisschen mehr Raum in der Wohnung. Nach einiger Zeit habe ich allerdings gemerkt, es ist noch viel klüger, nicht zu Hause zu sein, wenn die Pakete kommen. Dann werden sie nämlich sieben Werktage in der Post gelagert, bis sie an den Absender, also mich, zurückgehen, wodurch ich quasi für das gleiche Porto fast drei Wochen mehr Platz, also Wohnraum, gewonnen habe.

Habe dann sogar versucht, die Speisekammerpakete auf dem Seeweg zu verschicken, weil es dann ja noch billiger ist und die Pakete noch viel länger unterwegs sind. Musste allerdings feststellen, wenn man Sachen innerhalb von Berlin verschickt, wird der Seeweg nicht angeboten. Schade. Trotzdem, also vielleicht mal als Geschäftsidee. Wenn man zum Beispiel eine zuverlässige Adresse in Südamerika hätte, wären die Sachen hin und zurück fast ein ganzes Jahr lang unterwegs, und das Ganze wäre viel billiger als jeder angemietete Lagerraum in Berlin, und versichert wären die Sachen auch noch. Nur mal so als Gedanke. Man müsste natürlich sicherstellen, dass dieser Bekannte in Südamerika dann auch garantiert nicht zu Hause ist, wenn die Pakete kommen. Sonst zahlt man zweimal.

Da diese Pakete letztlich aber schon eine recht kostspielige und arbeitsintensive Lösung waren, habe ich mir irgendwann doch mal die Mühe gemacht und einiges von dem Speisekammergerümpel aussortiert, es vor das Haus auf den Bürgersteig geschafft und ein Schild davor gestellt: «Wer etwas davon brauchen kann, der darf es sich nehmen.»

Und da hat sich Herr Carl zum Beispiel so eine kleine, schöne Muschelschachtel mit irgendwelchem Krimskrams darin genommen. Vielleicht, weil er sie hübsch fand, vielleicht, weil er dachte: «Ach Gott, so eine kleine, bunte Muschelschachtel, so etwas hast du ja noch gar nicht, wer weiß, wenn du sonst mal nichts zum Beschimpfen hast, dann kannste ja diese kleine, bunte Muschelschachtel beschimpfen.» Was weiß ich, was er sich dabei gedacht hat.

Den Krimskrams habe ich zum Teil absichtlich in die Schachtel getan. Irgendwelcher Klein- und Kleinstmüll: Murmeln, Knöpfe, Schrauben, Muttern, Nägel, alte Schlüssel, sinnlose Münzen, Schnur, Nadeln, Kronkorken. Zeug eben. Lauter

Kleinzeug, was immer überall rumliegt, wo niemand weiß, wo das eigentlich herkommt. Herr Carl allerdings guckt sich diesen Müll genauer an, auch diese alten Schlüssel, und nur aus so einem Gefühl heraus, so wird er später sagen, also nur aus so einem Gefühl heraus probiert er sie aus, und siehe da: Zwei der Schlüssel passen dann doch in die Schlösser der Fahrradskelette im Hof.

Da ist der Herr Carl schon ziemlich wütend geworden. Speziell auf mich, und ich war auch total überrascht und sauer. Das muss man sich mal vorstellen! Da klaut mir offensichtlich jemand diese Schlösser, nur um damit fremde, untote Fahrradskelette in unserem Innenhof anzuschließen, und schiebt mir hinterher auch noch die Schlüssel wieder unter. Also wie viel kriminelle Energie muss denn jemand haben? Doch Herr Carl glaubt mir natürlich kein Wort und steht nun jeden Morgen um kurz vor neun im Hof, um mich, die Fahrradskelette und die andere Hälfte einer Regalsystemlösung, die irgendein Idiot im Kellergang abgestellt hat, zu beschimpfen. Doch nicht nur das. Wenn er damit fertig ist, klopft er häufig noch an meine Tür und will in die Wohnung, um nach dem Schlüssel zu suchen. «Der dritte Schlüssel!», ruft er. «Ich will den dritten Schlüssel!» Was natürlich eine Unverschämtheit ist. Warum sollte der ausgerechnet in meiner Wohnung sein? Das ist doch eine Unterstellung. Eine Frechheit! Und selbst wenn er hier gewesen wäre, dann wäre er mittlerweile ja ohnehin längst mit der Post unterwegs.

Die amtliche Führungspersönlichkeit

Samstagmorgen. Sitze im Café vor einem dieser Psychotests aus einer Zeitschrift: «Sind Sie eine echte Führungspersönlichkeit?» Bin leider erst bis Frage 3 gekommen: «Fällt es Ihnen manchmal schwer, Entscheidungen zu treffen? A: Ja, immer; B: Häufig; C: Selten; D: Nein, nie.»

Bppphhh … keine Ahnung, seit gut einer halben Stunde denke ich da jetzt schon drüber nach. Diese Psychotests können manchmal ganz schön knifflig sein. Obwohl, also wenn ich jetzt wirklich mal ganz ehrlich bin, eigentlich ist es ja doch relativ einfach. Kreuze Antwort D, also «Nein, nie» an. Gott sei Dank, denn ohne die Punkte für diese Frage wäre es wahrscheinlich ziemlich schwierig geworden, noch die höchste Kategorie «Ja, Sie sind eine geborene Führungspersönlichkeit» zu erreichen.

Ich bin ziemlich gut in solchen Psychotests. Ich erreiche praktisch immer die höchste Kategorie. Kürzlich dachte ich deshalb tatsächlich mal, wie es eigentlich sein kann, dass jemand wie ich, der laut diesen Tests, also quasi amtlich, eine geborene Führungspersönlichkeit, ein guter Menschenkenner, ein zielstrebiger Charakter und ein Siegertyp ist, dass so jemand ein derartiges Chaos in seinen Sachen hat, ständig zu spät kommt, ziemlich häufig verliert und jeden zweiten Termin verpennt. Ehe jetzt irgendwer irgendwelche Schlaumeiertheorien aufstellt, möchte ich es gleich hinzufügen, ich habe auch einen Psychotest, der eindeutig beweist, dass ich sehr, sehr ehrlich zu mir selbst bin, und einen weiteren Test, der mir darüber hinaus eine extrem gute Selbstwahrnehmung bestätigt.

Also daran kann es schon mal nicht liegen. Bleibt eigentlich nur eine echte, logische Erklärung: Das Ganze ist einfach

Pech oder Zufall. Da kann man leider gar nichts machen. Trotz herausragender Fähigkeiten und Charaktereigenschaften kann es eben einfach passieren, dass man ohne jede eigene Schuld ein permanentes Chaos anrichtet, für sich und andere. Aber immerhin gut zu wissen, dass dies sozusagen höhere Gewalt ist.

Die Kellnerin fragt, ob ich noch einen Kaffee oder irgendwas anderes möchte. Sage: Puuh, weiß ich jetzt auch nicht, sie soll entscheiden.

Zwei Minuten später bringt sie mir lächelnd einen Sekt. Super, ich glaube, sie mag mich, denn immerhin hätte sie mir ja auch einen Salbeitee oder eine Sprite bringen können, also irgendwas Ekliges eben. Aber weil sie mich mag, hat sie mir einen Sekt gebracht. Ich hätte niemals bemerkt, wie sympathisch ich ihr bin, wenn ich einfach selbstherrlich etwas bestellt hätte. Da habe ich wieder klug gehandelt. Ich habe zwar überhaupt keine Lust auf Sekt, und er schmeckt auch leider fast so wie Sprite, aber egal, Hauptsache, sie mag mich. Außerdem habe ich ja auch etwas zu feiern, immerhin konnte ich gerade durch den Test erfahren, dass ich eine echte Führungspersönlichkeit bin. Aber hallo, ich habe wieder eine Top-Punktzahl erreicht, speziell, weil ich mit der letzten Frage «Wer bestimmt in Ihrem Leben die Richtung? Antwort A: Allein ich» nochmal volle acht Punkte einfahren konnte.

Ich finde diese Psychotests einfach großartig. Man erfährt so viel über sich selbst, und gleichzeitig lernt man auch noch, wie eigentlich diese Selbstkontrolle der Finanzmärkte und großen Wirtschaftskonzerne funktioniert. Die arbeiten in puncto Selbstkontrolle nämlich nach demselben Prinzip wie ich mit diesen Psychotests. Daher muss man dort auch immer so enorme Gehälter zahlen, um die Top-Leute halten zu können.

Und wer jetzt sagt, das ist aber mal eine ziemlich plumpe Moral am Textende, dem sag ich gleich, ich habe auch einen Psychotest, der eindeutig nachweist, dass ich überhaupt nicht zum Moralisieren oder zur Klugscheißerei neige. Also bitte.

Der Plan der Außerirdischen

Bei uns in der Straße stehen seit ein paar Wochen zwei große Holzkübel mit Blumenerde auf dem Bürgersteig. Herr Carl, der ja bereits genug damit zu tun hat, die Fahrräder bei uns im Hof zu beschimpfen, meinte, darum könne er sich jetzt nicht auch noch kümmern, das müsse ich machen. Ich habe mich nicht getraut, Herrn Carl zu fragen, warum er findet, dass ich das machen müsse, sondern einfach mal in den umliegenden Geschäften nachgeforscht. Niemand hat diese Kübel da hingestellt. Auch beim Bezirk und beim Grünflächenamt weiß keiner etwas. Trotzdem sind diese beiden Kübel nun mal da. Wie ja immer wieder irgendwelches Zeug plötzlich da ist. Nicht nur auf der Straße oder im Hof, sondern manchmal auch in der Wohnung. Zeug, von dem niemand weiß, wo es herkommt. Warum es existiert. Irgendwelche Töpfe zum Beispiel. Töpfe, bei denen ich manchmal aber auch Freunde im Verdacht habe. Freunde, die vielleicht zum Essen da waren, und hinterher steht da dann plötzlich so ein Topf. Wenn man anruft, tun sie ahnungslos: «Ein Topf, nein, wir hatten keinen Topf dabei, warum auch, wir haben überhaupt nie so einen braunen Topf gehabt ... Was? Woher ich weiß, dass der braun ist? Na, das hast du doch ... Nein, ich weiß von keinem Topf, wir haben keinen dabeigehabt.»
Sie streiten natürlich alles ab, aber der Verdacht bleibt. Ich bin mir sogar ziemlich sicher, dass sie das waren, denn ich mache es ja schließlich auch. Bei mir ist es aber immer nur zum Besten der Freunde, wenn ich ihnen heimlich Sachen in ihre Wohnung stelle. Es sind nur ausgewählte Dinge, die wirklich gut in die Wohnung passen. Viele meiner Freunde haben ja die Angewohnheit, ihre Räume viel zu leer zu lassen. Da ist es schön, wenn ein anderer mitdenkt, was man

da noch alles reinstellen könnte. Dinge, die die Wohnung wirklich bereichern und die bei mir ja sowieso nur sinnlos rumstehen und vollstauben. Dort, in den Wohnungen der Freunde, können sie nochmal richtig Freude bereiten.

Oft muss man allerdings ein bisschen helfen, beim dran Gewöhnen. Zunächst muss man die Sachen irgendwo stehenlassen, wo sie nicht sofort auffallen, versteckt in einem Schrank oder der Abstellkammer, dann entdeckt man den Schatz bei einem der nächsten Besuche ganz zufällig und sprudelt über vor Begeisterung, so in der Art: «Mensch, das ist ja eine tolle Schale, die passt ja gut hier rein, dass ihr so was Schönes habt! Hui, die ist wirklich super!» Das wiederholt man jahrelang bei jedem Besuch. Möglichst immer euphorischer, bis man irgendwann nach langer Zeit und viel Überzeugungsarbeit endlich den Punkt erreicht, wo sie plötzlich sagen: «Ja, genau, die ist uns ja so ans Herz gewachsen, wir sind so froh, dass wir die haben!» Und dann kann man auftrumpfen und sagen: «Jaha, und wisst ihr, wie die hier in den Haushalt gekommen ist? Wer die heimlich mitgebracht und hier stehengelassen hat? Jaha, wer hat euch wohl dieses wunderbare Geschenk gemacht? Hahaaaa!» Und dann ist man nämlich der Held und wird bewundert und mit Dankbarkeit überschüttet und gelobt und alles.

Leider habe ich diesen Punkt bislang noch kein einziges Mal erreicht.

Die Kübel auf dem Bürgersteig sind aber definitiv nicht von mir.

Wenn man alle wahrscheinlichen Antworten ausschließen kann, und es bleibt nur eine Antwort übrig, dann ist sie laut Sherlock Holmes die richtige, auch wenn sie noch so unwahrscheinlich klingen mag. Hinsichtlich dieser Kübel sind Sherlock Holmes und ich zu einer zwar verblüffenden, aber letztlich allein logischen Antwort gekommen: Vermutlich sind die Kübel von Außerirdischen. Mehr noch, vermutlich beamen uns Außerirdische ständig irgendwelches Zeug auf die Erde. Was natürlich die Frage erzeugt: Warum? Warum machen Außerirdische so was? Ich sehe drei Möglichkeiten:

Möglichkeit 1: Es ist ein Test. Außerirdische sind ja höchstwahrscheinlich irrsinnig intelligent. Sie verfügen über eine Intelligenz, die schon unser Vorstellungsvermögen von Intelligenz bei weitem übersteigt. Eine Form der Intelligenz, die wir gar nicht beschreiben und noch viel weniger begreifen können. Diese Intelligenz ermöglicht es ihnen, anhand unseres Umgangs mit scheinbar sinnlosem Müll, den sie auf die Erde beamen, direkt zu errechnen, wie lange unser Hirn und letztlich die Menschheit insgesamt noch braucht, um den Photonenantrieb, den Materie-Antimaterie-Reaktor, einen Koaxial-Warp-Antrieb und den Flux-Kondensator oder was auch immer zu entwickeln, also irgendeine Technologie, die es uns ermöglichen würde, unsere Galaxie in respektabler Geschwindigkeit mit einem Raumschiff zu durchqueren und sogar zu verlassen. Das ist für die Außerirdischen natürlich interessant, schon jetzt zu wissen, wann wir bei ihnen ankommen könnten. Deshalb testen sie uns permanent mit sinnlosem Zeug, das sie auf die Erde beamen.

Möglichkeit 2: Die Außerirdischen sind Idioten. Das ist überhaupt eine Möglichkeit, die meines Erachtens in der gesamten Science-Fiction-Literatur bislang viel zu wenig behandelt wurde. Was ist, wenn die Außerirdischen Idioten sind? Also sie sind zwar nicht so richtig bösartig, aber Idioten, das sind sie schon. Sie waren mal hoch entwickelt, daher haben sie auch noch die Raumschiffe, aber dann haben sie leider aus Versehen das Privatfernsehen oder so was erfunden und sind jetzt halt verblödet. Sie haben oft nichts zu tun, langweilen sich, wissen nichts mit sich anzufangen und sagen sich dann: Komm, lass uns zur Erde fliegen, da Scheiß hinbeamen, was allerdings auch bei den Außerirdischen dann nur eine sehr, sehr niedere Form der Samstagabendunterhaltung ist. So was, wie hier vielleicht in die Vorstädte fahren und Mülltonnen umtreten, aber weil die Außerirdischen weder Vorstädte noch Mülltonnen haben, fliegen sie eben schnell zur Erde, beamen Müll auf den Planeten und amüsieren sich dann über die Menschen, die davorstehen und sich wundern.

Möglichkeit 3: Die schlimmste Variante. Die Außerirdischen wollen uns nur mit irgendetwas beschäftigen. Sie sind nämlich noch viel, viel intelligenter als ohnehin schon angenommen. Sie wissen längst, wann wir so weit sind, unsere Galaxie zu verlassen. Aber die wollen das gar nicht. Die wollen gar nicht, dass wir zu ihnen fliegen. Die sind eher so ablehnend, sarrazinmäßig drauf. Denken, die Menschheit würde ihnen sowieso nicht weiterhelfen. Die Menschen würden nur nerven und sollen bloß bleiben, wo sie sind. Und deshalb beamen die uns sinnloses Zeug auf die Erde, um uns abzulenken, zu verwirren. Damit wir mit Mist beschäftigt sind und nicht den Warp-Antrieb entwickeln. Wahrscheinlich schicken sie uns auch noch entsprechende Finanzmanager oder Politiker, die dafür sorgen, dass wir unsere Ressourcen möglichst sinnlos verballern, aber das ist eigentlich ein anderes Thema. Jetzt geht es um den Kram, den sie auf die Erde beamen.

Seit ich diese Variante im Kopf habe, schaue ich die beiden Kübel in unserer Straße und auch alles andere unnütze Zeug, welches irgendwo rumsteht, nochmal mit ganz anderen Augen an. Wenn man sich überlegt, dass wir nur wegen diesem Kram nicht durch den Weltraum fliegen und fremde Welten erkunden können – unglaublich. Das sind ja Zusammenhänge, die macht man sich sonst gar nicht klar.

Das Paar im Zug

Ich sitze im ICE auf der Rückfahrt nach Berlin und versuche, eine Geschichte zu schreiben. Das ist nicht ganz einfach, denn das Ehepaar, das mit mir am Tisch sitzt, hat offensichtlich schlechte Laune. Sie sind wohl auf dem Weg zur Familie des Bruders des Mannes. Die Frau mag diese Familie nicht. Also, glaube ich. Zumindest sagt sie:
– Nee, was freu ich mich, die Doofköppe zu sehen.
Der Mann grinst, die Frau schaut ihn aber gar nicht an, stattdessen schimpft sie:
– Boah, und was ist das heiß hier drin!
Der Mann versucht so fürsorglich und liebevoll, wie er nur eben kann, auf sie einzugehen. Er sagt:
– Ach komm, du spinnst doch!
– Wie kannst du sagen, dass ich spinne?
– Das ist doch gar nicht heiß hier. Du spinnst doch.
– Das kannst du doch gar nicht wissen, ob mir heiß ist oder nicht.
– Ich merk doch wohl, dass es heiß ist, wenn es heiß ist, aber jetzt isses nicht heiß, deshalb merk ich nur, dass du spinnst!
– Als wenn du mal irgendwas merken würdest. Red mal lieber nicht so laut. Der Mann hier ist schon belästigt.
Sie zeigt auf mich.
– Ach was. Wenn der Mann hier durch was belästigt ist, dann durch deine ewige Meckerei.
Ich schüttle beschwichtigend, abwehrend den Kopf, lächle dazu. Die Frau scheint damit sehr zufrieden, wendet sich triumphierend ihrem Gatten zu:
– Siehste, dem Mann ist das nämlich auch zu heiß hier.
– Das hat er doch gar nicht gesagt.

– Das muss er auch nicht extra sagen. Das seh ich doch so, dass der sich hier unwohl fühlt.

– Ja, aber nicht, weil ihm heiß ist, sondern weil du hier so rumspinnst.

– Ach, so ein Blödsinn. Was du wieder redest.

Sie fixiert mich plötzlich mit stechendem Blick:

– Jetzt sagen Sie mal ehrlich, wer von uns beiden spinnt hier – er oder ich?

Nun bricht mir tatsächlich der Schweiß aus. In großer Panik rattern mir die verschiedensten Antwortoptionen durch den Kopf. Ich entscheide mich schließlich für die wohl seriöseste und klügste Variante. Sage:

– Nyseth nit kø nø dø nyt verstaan, nyt nyset nysemenn nit køme von Norge, nyt?

Die Frau schaut mich an, als hätte ich polnisch gesprochen, dann wendet sie sich zu ihrem Mann:

– Was hat er gesagt?

– Er hat gesagt, dass du spinnst.

– Was?

– Ja, außerdem versteht er dich nicht, weil er Norweger ist.

– Er versteht mich nicht?

– Kein Wort von dem, was du sagst. Der Mann hat's gut.

– Na, dann ist das ja kein Wunder, dass ihm so heiß ist, wenn er aus Norwegen kommt.

Damit scheint sie fürs Erste zufrieden.

Der Bahn-Servicemitarbeiter mit der mobilen Kaffeebar kommt durch den Gang. Die Frau nimmt einen Kaffee, ich bestelle mir auch einen, natürlich auf Norwegisch. Der Minibarmann versteht mein Norwegisch ohne Probleme. Wahrscheinlich hat er, genauso wie ich, noch nie mit einem echten Norweger gesprochen.

54

Zum Kaffee gibt es einen Keks. Die Frau schiebt ihn direkt weiter zu ihrem Mann.

– Hier, den Keks kannste Karin mitbringen. Dann wird sie vielleicht noch fetter.

– Hör mal, du spinnst ja wohl, die Karin ist doch nicht fett.

– Natürlich ist die fett, aber du siehst so was ja nicht, weil sie deine Schwägerin ist. Ich seh doch, wie du immer um sie rumtanzt. Hohoo, die Karin, die tolle Karin, Karin hier, Karin da. Karin! Karin! Guck mal, die Karin! Aber wie die fett ist.

– Die ist doch nicht fett, die Karin. Also jetzt geht's aber wohl echt los hier! So ein Blödsinn, was du hier so rum-spinnst! So ein feiner Mensch, die Karin.

– Die Karin ist fett.

– Ist sie nicht, und du spinnst.

– Und wie die fett ist.

Mit einem Ruck fährt die Frau zu mir herum.

– Jetzt sagen Sie mal.

Ich bin wie gelähmt, schaue hilfesuchend in den Waggon, aber alle anderen Fahrgäste gucken nur betreten zu Boden oder unauffällig aus dem Fenster. Die Frau jedoch ist jetzt nicht mehr zu bremsen. Sie kramt ein Foto aus der Hand-tasche, hält es mir unter die Nase:

– Hier, gucken Sie mal, diese Frau da, das ist die Karin. Die ist doch fett, oder? Oder??? Jetzt sagen Sie mal ehrlich.

Ich zucke verständnislos mit den Schultern. Sie hämmert mit dem Zeigefinger aufs Foto.

– Hier! This wife, this wife, look, look, is doch fett, this wife, oder? Oder? This wife, look, look, look, look, look!!!

Ich schüttle hilflos den Kopf.

– Mein Gott, gucken kann er auch nicht richtig. Na ja, ist ja selbst auch nicht gerade der Modellathlet.

Sie wirft mir einen letzten verachtenden Blick zu und schaut dann entschlossen in die andere Richtung aus dem Fenster. Ich glaube, jetzt ist sie wirklich beleidigt.

Ich muss auf Toilette. Als ich wiederkomme, sitzt die Frau plötzlich vor meinem Laptop und liest den Text durch, den ich gerade schreibe.

– Na, jetzt guck aber mal einer an, unser kleiner König Harald von Norwegen kann aber doch ganz gut auf Deutsch schreiben, was? Und wer ist denn wohl diese komische Frau im Zug, über die er da schreibt?

Ich biete ihr an, die Geschichte sofort zu löschen. Sie wehrt erschrocken ab.

– Um Gottes willen, nein, nichts werden Sie machen, das ist das erste Mal, dass ich in einer richtigen Geschichte vorkomme. Wehe, Sie löschen das! Und wenn ich da jetzt nicht ganz so sympathisch bei wegkomme, also das ist mir nicht so wichtig, man muss ja nicht immer jedermanns Liebling sein.

Kurze Zeit später steigt die, alles in allem gesehen, doch sehr nette, kluge und humorvolle Frau mit ihrem spinnenden Mann aus. Also wenn ich es mir recht überlege, irgendwie war das schon ungewöhnlich heiß in diesem Zug. Und ob die letzten Absätze nun von mir oder von der Frau geschrieben wurden, das geht nun wirklich keinen was an.

SOMMER

> Ich hätt so gern ein Paddelboot, ich schlüg die
> Zeit mit Paddeln tot.
>
> *Jürgen Witte*, Berliner Autor

Auf Lunge

«Oh, das ist ja mal eine besonders schöne Lunge», sagt die
Lungenärztin, während sie auf mein Röntgenbild guckt. Ich
bin ein bisschen verlegen. Noch nie hat mir jemand wegen
meiner Lunge und schon gar nicht wegen eines Röntgen-
bildes ein Kompliment gemacht. Wer weiß, vielleicht sind
noch viel mehr meiner inneren Organe von geradezu bezau-
bernder Anmut oder seltener, verführerischer Schönheit.
Womöglich habe ich formvollendete Nieren, eine berücken-
de Leber oder ein verheißungsvoll attraktives Dünndarm-
geschlinge, mit dem ich quasi jede Internistin um den Fin-
ger wickeln könnte. Vielleicht sollte ich bei Gelegenheit ein
paar zusätzliche Abzüge meiner Röntgenbilder machen lassen, um in passenden Momenten, also auf Partys oder auch
bei Essenseinladungen, eventuell anwesende Ärztinnen mit
den Aufnahmen meiner inneren Organe beeindrucken zu
können.

Alles, was man mir bislang diesbezüglich gezeigt hat, waren Ultraschallbilder von kommenden Kindern. Soweit ich
mich allerdings erinnere, hat mir noch nie eine Frau so ein
Ultraschallbild gezeigt. Es waren immer, immer die vor Stolz
platzenden Männer, die damit beifallheischend wedelten:
«Guckma, guckma, guckma, du, ich hab Bilder, richtige Bil-

der, willsma sehen hier, richtige Bilder, hier, willsma sehen? Willsma sehen?»

Ein «eigentlich nicht» war da schnell überhört. Stattdessen musste man dringend Sachen sagen wie: «Boah, ist das toll, das sind ja richtige Bilder, boah, das sieht ja toll aus, schon fast wie ein Mensch sieht das aus, ganz der Vater, unglaublich, was heutzutage technisch möglich ist, man sieht ja alles.» Dazu musste natürlich immer wieder betont werden, wie wunderschön dieser helle Fleck auf dem schwarzen Ultraschall doch ist. Sagte man mal etwas Ehrliches oder Sinnstiftendes wie: «Kaum zu glauben, dass dieser kleine Knopf in gut sechzehn Jahren schon bekifft und besoffen über der heimischen Kloschüssel hängen wird», erntete man in der Regel weitaus mehr Kopfschütteln als Dank. Das galt selbst für sensibel humorvolle Prophezeiungen wie: «Wenn man sich das mal vorstellt, dieser kleine süße Punkt wird eines Tages ein großes Mädchen sein, das seine Eltern in der Pubertät peinlich findet und sich vielleicht einen schönen Spaß daraus macht, Mutter und Vater mit einem gefakten eigenen Ultraschallbild zu erschrecken.»

Die Lungenärztin betrachtet immer noch mein Röntgenbild. «Richtig hübsch», sagt sie.

«Äh, Sie finden meine Lunge schön?»

«Ja, in der Tat, sehr symmetrisch, klar in der Form, aber doch zart, fast filigran in den Ausführungen ...»

Jetzt werde ich wirklich ein bisschen rot.

«Hm, wenn man Sie so sieht, kann man kaum glauben, dass das Ihre Lunge ist.»

«Bitte?»

«Na ja, um es kurz zu sagen: Ihre Lunge sieht schon sehr, sehr viel besser aus als Sie.»

Teile der Ärztin mit, dass wir in diesem Land freie Arztwahl haben und sie sich lieber mal überlegen soll, was sie so sagt, weil ich sonst nämlich …

Sie lacht. Offensichtlich denkt sie, ich hätte einen Witz gemacht.

Ich spreche noch etwas schärfer: «Das war kein Scherz, ich kann hier meine Krankenkassenkarte nehmen und direkt …»

Sie lacht lauter: «Herr Evers, haben Sie gesehen, wie voll das Wartezimmer ist? Wie lange haben Sie auf diesen Termin gewartet? Fünf Wochen? Sechs Wochen? Zwei Monate? Meinetwegen können Sie Ihre Krankenkassenkarte mit Reißzwecken belegen und aufessen. Das beeindruckt mich auch nicht. Wären Sie vor ein paar Jahren gekommen, da dachte ich noch, oh, ich muss einfühlsam sein, ich darf meinen Patienten nicht zu viel zumuten, ich muss ihnen immer sofort helfen, koste es, was es wolle, jederzeit für jeden Verständnis und vor allem Zeit, ganz, ganz viel Zeit haben. Das habe ich auch lange durchgehalten, ich hatte zwar Magendrücken, war ständig müde, bekam nervöse Zuckungen, aber ich habe durchgehalten, bis zu dem Tag, an dem mir endlich die Sicherungen durchgebrannt sind.»

«Sie sind zusammengebrochen? Ein Burn-out-Syndrom?»

«Nein, natürlich nicht. Ich habe meine Patienten angeschrien, richtig laut angeschrien, dann habe ich ihnen fröhlich die Wahrheit gesagt oder ihnen irre lachend ihre Fehler und Unzulänglichkeiten um die Ohren gehauen. Ich habe sie warten lassen, richtig lange warten lassen und mich offen über ihre Gebrechen lustig gemacht. Mir ging es plötzlich prächtig. Ich fühlte mich frei und ausgeglichen. Aber das Allerbeste, meine Heilungs- und Erfolgsquote ist seitdem um gut die Hälfte gestiegen!» Triumphierend schaute sie mich an. Ihre Augen leuchteten.

«Aber Ihre Patienten, die waren doch bestimmt sauer, wenn Sie die so behandelt haben», versuchte ich zu widersprechen.

«Ach was, in Berlin kann man das machen. Da gilt man dann als Original, die Leute hier können so was locker ab. Sind eben nicht alles so Mimosen wie Sie, Herr Evers, Sie kleines Dickerchen.»

«Äh, Sie finden, ich bin zu dick?»

«Schwer zu sagen, das ist natürlich auch Geschmackssache. So ähnlich wie mit Fisch, der fünf Tage in der Sonne liegt. Die einen sagen, der stinkt, die andern finden, ach Gott, wenn man sich mal an den Geruch gewöhnt hat.»

«Ich bin wie Fisch, der fünf Tage in der Sonne gelegen hat?»

«Nein, natürlich nicht, gemessen an Ihrem Aussehen, riechen Sie ja eigentlich so weit ganz okay.»

«Danke.»

«Da nicht für. Also fassen wir mal zusammen: Es stimmt, Sie sind zurzeit kurzatmig, außerdem arbeitet Ihre Lunge bei weitem nicht auf hundert Prozent, da ist schon eine grundsätzliche Entzündung, die wir behandeln müssen. Aber Ihre eigentlichen Beschwerden haben nichts mit der Lunge oder Ihren grundsätzlichen körperlichen Voraussetzungen zu tun. Das ist nämlich alles prima. Nur Sie sind zu doof.»

Ich stutze. «Und mit dieser Art der Behandlung haben Sie wirklich immer bei allen Patienten Erfolg?»

«Nicht bei allen, aber darum geht es ja auch nicht. Das Wichtigste ist doch, dass man Spaß an der Arbeit hat, oder?» Jetzt beginnt sie tatsächlich fast zu singen: «Also, Sie essen zu viel, zu ungesund und bewegen sich zu wenig. Das ist alles. Wäre Ihr Körper ein Kind und ich das Jugendamt, würde ich Ihnen das Sorgerecht entziehen.»

«Sie wollen mir meinen Körper wegnehmen?»

«Sagen wir mal so, für Ihren Körper wäre es wahrscheinlich schon das Beste, wenn er in einem Heim aufwachsen würde.»

«In einem Heim?»

«Ja.»

«Könnte ich ihn denn da wenigstens mal besuchen?»

«Nein, da wäre jeglicher Kontakt untersagt. Aber leider, leider darf ich Ihnen Ihren Körper ja nicht wegnehmen, und deshalb versaue ich Ihnen nur Ihr Leben und setze Sie auf Diät. Die Sprechstundenhilfe gibt Ihnen einen Bewegungs- und Ernährungsplan.»

Ich will was Originelles, Schlagfertiges sagen, gehe in Angriffsstellung, öffne den Mund und höre mich dann überraschenderweise «Danke» sagen.

«Bitte, bitte und jetzt huschhusch raus, ich habe auch noch andere Patienten, die heute noch beschimpft werden wollen.»

Als ich der Sprechstundenhilfe den Zettel der Ärztin mit den Notizen zu meinen Medikamenten und dem Ernährungsplan gebe, lächelt diese und sagt: «Oh, ich glaube, die Frau Doktor hat Sie richtig gern.» Und ich Trottel freue mich darüber. Wahrscheinlich ist das ihr eigentlicher Trick.

Mathematik macht schön

Ich habe zwanzig Kilo abgenommen. Jawohl. Da wird meine Ärztin aber staunen. Nicht einmal eine Woche nachdem sie mir befohlen hat, Gewicht zu reduzieren, habe ich das schon erledigt. Habe direkt zwanzig Kilo abgenommen, auf einen Schlag quasi. Und das komplett ohne Diät oder Sport oder so Zeug. Davon würde ich ohnehin abraten. Also, wenn man wirklich abnehmen möchte, sollte man das nicht mit einer Diät oder Sport versuchen. Was in dem Bereich so angeboten wird, basiert doch auf Aberglaube. Ein Aberglaube, der natürlich von skrupellosen Geschäftemachern am Leben erhalten wird. Diese ganze Abnehmerei ist doch größtenteils Beutelschneiderei. Teilweise ja sogar wortwörtlich, also jetzt bei den plastischen Chirurgen. Davon würde ich übrigens noch mehr abraten, aber das weiß ja jeder.

Nein, ich habe für mich eine sehr viel vernünftigere, nachhaltigere, eben wissenschaftlichere Art des Abnehmens gefunden. Ich habe einfach die Art des Wiegens verändert. Seit fünf Tagen wiege ich die Körperteile einzeln. Linker Fuß, rechter Fuß, Kopf und so weiter. Dann zähle ich alles zusammen, und allein dadurch habe ich rund zwanzig Kilo abgenommen. Auf einen Schlag, ein großartiger Erfolg.

Den Tipp für diese Art des Abnehmens habe ich übrigens von meinem Freund Bernd, der von Haus aus Mathematiker ist. Ich hatte ihm von meinem Problem mit meiner Lungenärztin erzählt, und er hat mir dann zu dieser, wie man in der Finanzwelt wohl sagen würde, «Neubewertung meines Körpervermögens» geraten.

Im Prinzip, hat mir Bernd weiter erklärt, wäre es theoretisch sogar möglich, wenn ich jetzt die Summe des Gewichts meiner einzelnen Körperteile durch das Durchschnittsgewicht vierzigjähriger Mitteleuropäer dividiere und den Koeffizienten in Relation setze zum Muskel-Fett-Verhältnis der Gesamtbevölkerung und dieses dann, ich glaube, im Tangens spiegele oder so ähnlich, was ich dann wiederum über eine Gauß'sche Funktion ableiten kann, wodurch ich einen Wert erhalte, den ich mit der deutschen Gesamtbevölkerung multipliziere, um dies wiederum durch das Komplettgewicht aller Deutschen zu dividieren, wodurch ich dann …

Also, um offen zu sein, ich habe es nicht so ganz genau verstanden. In jedem Fall aber hat mir Bernd wohl erklärt, könnte ich theoretisch nur durch konsequentes Wiegen und Rechnen, da könnte ich also rein theoretisch sogar zu einem negativen Körpergewicht kommen. Und das komplett ohne Beschiss, ohne Schmu, sondern ganz seriös, nur durch Rechnen.

Ich würde das aber nicht machen. Ich denke, ein negatives Körpergewicht, das steht auch nicht jedem. Man muss so was auch tragen können. Obwohl es natürlich praktisch wäre. Gerade am Flughafen zum Beispiel, wenn man wieder einen viel zu schweren Koffer dabeihat, womöglich Übergepäck bezahlen soll, dann könnte man sich mit seinem negativen Körpergewicht einfach auf den Koffer setzen, und zack!, wäre das Problem gelöst.

Als ich meiner Lungenärztin telefonisch von meinen Gewichtsreduzierungserfolgen erzähle, lacht sie von Herzen. Dann allerdings erklärt sie meine Art des Abnehmens für ungültig. Als Begründung führt sie an, wenn es wirklich ginge, sich seinen Körper schlanker oder sogar schöner zu rechnen, dann sähen ja allein schon die Mathematiker wohl ganz anders aus. Und ich muss zugeben, wenn ich mir Bernd und seine Mathematikerfreunde so anschaue, völlig unrecht hat sie nicht.

Großer Bahnhof

«Ihr müsst uns ma' besuchen kommen!!!» Ich hatte Onkel Herberts Stimme noch ganz gut im Ohr. «Sollste sehn, dann machen wir hier ganz, ganz großen Bahnhof für euch. Aber ganz großen Bahnhof. Das sollste sehn!» Und Onkel Herbert hielt wirklich Wort. Mehr noch, ich glaube, nie hat jemand so dermaßen Wort gehalten wie Onkel Herbert.

Onkel Herbert war jetzt dreiundachtzig Jahre alt. Seit ein paar Jahren hörte er wohl nicht mehr so gut. Obwohl die Legende sagte, er habe ein Hörgerät, und Onkel Herbert auch ganz entschieden behauptete, er würde das natürlich tragen. Tatsächlich sei er ja außerordentlich froh, dass er das überhaupt hätte. Dennoch hatten Telefongespräche mit Onkel Herbert ihren ganz eigenen Charme:

– Hallo, Onkel Herbert, hier ist der Horst. Du, wir sitzen hier gerade und hatten überlegt, wir könnten euch doch jetzt endlich mal besuchen kommen. Was meinste?

– Wer ist da?

– Hier ist der Horst, Onkel Herbert!

– Onkel Herbert? Onkel Herbert bin ich doch wohl selber.

– Natürlich, Onkel Herbert, hier ist ja auch der Horst, der Sohn vom Erich!

– Erich? Bist du denn nicht schon tot? Ich war doch mit auf der Beerdigung. Wen haben wir denn da sonst unter die Erde gebracht?

– Ihr habt alles richtig gemacht, ich bin ja auch der Sohn vom Erich, der Horst!

– Ach, der Hans ist da. Hör mal, Hans, ihr müsst uns ma' besuchen kommen. Dann machen wir hier ganz, ganz großen Bahnhof für euch. Aber ganz großen Bahnhof. Das sollste sehn!

Nach rund zwanzig Minuten, an deren Ende ich schon langsam ein wenig heiser wurde, war es mir aber doch gelungen, Onkel Herbert irgendwie die Ankunftszeit unseres Zuges mitzuteilen. Er wiederholte sie ungefähr zwölfmal brüllend ins Telefon, bis wir beide überzeugt waren, wenigstens diese eine Information erfolgreich ausgetauscht zu haben. Unser Besuch würde sich lohnen, versprach er, wir würden staunen. Und das taten wir dann ja auch. Onkel Herbert hatte wirklich für ganz, ganz großen Bahnhof gesorgt.

Die Polizei rekonstruierte die Ereignisse, die sich unmittelbar vor der Ankunft unseres Zuges vor dem Bahnhof abgespielt haben mussten, mit Onkel Herberts Hilfe später wie folgt: Beim, laut Onkel Herbert, unnötigen und ungewohnten neuen Kreisverkehr vor dem Bahnhof (diesen Kreisverkehr gibt es seit rund fünfundzwanzig Jahren) habe er, Onkel Herbert, wohl für kurze Zeit vergessen, wohin er eigentlich überhaupt fahren wollte. Deshalb sei er zunächst einmal in diesem Kreisverkehr verblieben, Hektik helfe ja keinem, er wollte einfach noch ein paar Extrarunden drehen, und irgendwann wäre ihm sein Ziel schon wieder eingefallen. Das sei ja nun beileibe nicht zum ersten Mal passiert. So etwas komme eben vor, wenn man schon so oft in seinem Leben irgendwohin gefahren sei wie er, Onkel Herbert.
Dann aber sei plötzlich, wie aus dem Nichts, dieser Feuerwehrwagen mit seiner, so Onkel Herbert, viel zu laut eingestellten Sirene angerast gekommen. Unter Schock versuchte der erschrockene Onkel rechts ranzufahren, was allerdings in einem Kreisverkehr nicht immer die beste Wahl ist. Dabei muss er wohl den Sattelschlepper vom Sägewerk übersehen haben, der, laut Onkel Herbert, allerdings «so dämlich aus dem Schatten rausgefahren kam, den konnte man gar nicht

sehen. Keiner hat den gesehen!». Um Onkel Herberts Opel Rekord auszuweichen, musste nun dieser Sattelschlepper so scharf bremsen, dass sich sein vollbeladener Hänger quer stellte und in bedrohliche Schieflage geriet.

Für den in hoher Geschwindigkeit und mit Blaulicht auf die Kreuzung zurasenden Feuerwehrwagen war jetzt die Lücke zu, weshalb dieser mit allen Bremsen bremste, sich gleichfalls quer stellte und mit quietschenden Reifen auf den schon wackligen Sattelschlepperhänger zuschlitterte. Allerdings konnte der hervorragende Feuerwehrwagenfahrer durch geschickte Lenkbewegungen die Geschwindigkeit immerhin noch so verringern, dass der Aufprall relativ sanft erfolgte und niemand ernsthaft verletzt wurde, ja sogar der Hänger des Sattelschleppers hielt noch gerade so die Balance, weshalb also alles nochmal gutgegangen wäre – wäre nicht der mittlerweile völlig verwirrte Onkel Herbert nun nach einer weiteren Runde im Kreisverkehr krachend in den Feuerwehrwagen reingerauscht, was auch dem Sattelschlepperhänger den finalen Stoß versetzte, sodass dieser nun wie in Zeitlupe kippte und seine rund dreißig großen, schweren Baumstämme auf Kreisverkehr und Straße polterten.

So weit, so gut.

Hieraus ergaben sich verschiedene Probleme. Einmal brauchte der Einsatzwagen der Feuerwehr jetzt für sich selbst wieder einen Rettungswagen und auch noch einen weiteren Feuerwehrwagen für den eigentlichen Zielort, den kleinen Brand in der Reifenfabrik, der aber nicht mehr erreichbar war, da der einzige Zufahrtsweg nun durch mehrere riesige Baumstämme blockiert war. Zu diesen wiederum kam aber auch kein Kran oder Gabelstapler vom Sägewerk durch. Zudem trafen die restlichen Polizei- und Krankenwagen ein, die ebenfalls zum Brand in der Reifenfabrik wollten und mit dem normalen Berufsverkehr nun hupend auf der blockierten Kreuzung standen. Mehr und mehr eingehüllt vom Qualm der brennenden Reifenfabrik. Ein dunkler Qualm, der noch für eine zusätzliche Beunruhigung unter den wartenden Verkehrsteilnehmern sorgte, welche sich wohl nur durch massiven Einsatz aller verfügbaren Hupen bekämpfen ließ, was der eigentlich beschaulichen Kleinstadt immerhin plötzlich eine erstaunliche Weltläufigkeit und Urbanität verlieh.

Der polizeiliche Befehl, die bestuhlte Gartenterrasse des Bahnhofshotels räumen zu lassen, um den gesamten Verkehr über diese Terrasse, also quasi den Garten des Hotels, umzuleiten, wurde später übrigens heftig kritisiert. Vor allem vom Inhaber des Hotels, erst recht, da auch noch sein verfeindeter Bruder, der das andere große Hotel der Stadt besitzt, als er von der Umleitung gehört hatte, sofort mit seinem Privatwagen dorthin gerast war, um auch über die Terrasse zu fahren, dabei aber vermeintlich versehentlich kurzzeitig die Kontrolle über sein Fahrzeug verloren und das gesamte Blumenbeet des Hotels umgepflügt hatte.

Diese Szenerie nun bot sich uns beim Aussteigen aus dem Zug. Onkel Herbert hatte wirklich Wort gehalten. Das war ganz, ganz großer Bahnhof.

Später bekam Onkel Herbert noch ein bisschen Probleme, als er wegen des ganzen Schlamassels den Führerschein abgeben sollte und sich dabei herausstellte, dass er nie einen besessen hatte: «Führerschein hab ich nicht. Was soll der Quatsch? Hab ich nie gebraucht! Hat nie einer gefragt. Ich fahr seit sechzig Jahren unfallfrei! Mich kennen doch hier alle, was brauch ich denn da einen Führerschein?» Sodass er jetzt eigentlich minus einen Führerschein hat, also genau genommen einmal den Führerschein machen müsste, um dann wieder keinen Führerschein mehr zu haben.

Als ich ihn später fragte, warum er denn in dem ganzen Chaos auf der Kreuzung eigentlich so ruhig stehen und lächeln konnte, erklärte er mir: «Ach, weißt du, als ich das gesehen hab, wie der Sattelschlepperhänger langsam kippt, da dacht ich schon: oh, oh, oh, oh, oh, das kann richtig Ärger geben. Aber sogar richtig großen Ärger! Da mach mal jetzt lieber dein Hörgerät aus.» Und genau deshalb ist er, glaube ich, auch so froh, dass er das hat.

**Wildschweine oder
Was würde Captain Kirk jetzt tun?**

Donnerstagnacht, 0.30 Uhr. Sitze mit Bernd im «Yorck-schlösschen» und bin verzweifelt. Seit rund einer Stunde erklärt mir Bernd nun schon, wie er dieses Bohrloch da bei der Ölplattform, im Golf von Mexiko, schließen würde. Das sei nämlich im Prinzip ganz einfach, wenn man sich nur mal nach Bernds Vorgaben richten würde. Ob BP jetzt diese Lösung mit Absicht zurückhält oder ob die schlicht nur unfähig sind, kann auch Bernd allerdings nicht mit letzter Bestimmtheit sagen. Manche Dinge will man lieber gar nicht so genau wissen, aber da es ja nicht ausgeschlossen ist, dass Bernd als einziger Mensch weltweit diese doch eigentlich so naheliegende Lösung entdeckt hat, deshalb erklärt er sie jetzt auch mir. Dann sind wir doch zumindest schon mal zwei. Also erklärt er mir mit gewaltigem sprachlichem Aufwand seinen wohl irgendwie mechanisch-hydraulischen Ansatz, dieses Bohrloch zu schließen. Seit mittlerweile gut einer Stunde. Für mich eine schier ausweglose Situation.
Wenn ich die Wahrheit sage, also zugebe, dass ich nicht im Entferntesten verstehe, was er da eigentlich die ganze Zeit redet, wird das nur zur Folge haben, dass er alles nochmal wiederholt, allerdings noch langsamer, verschwiemelter und, sein wichtigster pädagogischer Trick, doppelt so laut, damit ich es diesmal besser verstehe. Behaupte ich, ich hätte alles verstanden und er habe vollkommen recht, wird er nur in noch größerer Erregung auf mich einreden, ich müsse jetzt all meine Energie und meinen Einfluss für die Verbreitung seiner Lösung nutzen, also für die Rettung der Schöpfung. Sage ich jedoch, er hat unrecht, wird er natürlich so lange weiter auf mich einreden, bis ich meinen Irrtum gestehe. Bin

69

ich noch ehrlicher und sage, das Ganze interessiert mich gar nicht, wird es am allerschlimmsten, und wähle ich schließlich die letzte Option, also lüge, das sei hochinteressant, aber ich sollte jetzt sofort nach Hause gehen, weil ich früh rausmüsse, dann wird er morgen wieder auf der Matte stehen, um das Thema nochmal in Ruhe zu besprechen.

Eine vollkommen ausweglose Situation eben. Wenn Captain Kirk mit dem Raumschiff Enterprise in solche Situationen gerät, dann weiß er, was zu tun ist. Er leitet die Selbstzerstörung ein. Das ist wohl auch jetzt für mich die klügste Lösung. Rettung durch so eine Art Selbstzerstörung. Da ich nicht rauskomme, fliehe ich nach innen, also bleibe still sitzen und versuche, mich möglichst schnell so grundlegend zu betrinken, bis ich für Bernd praktisch nutzlos geworden bin.

Solchen ausweglosen Situationen begegne ich leider häufiger. Vielleicht nicht so häufig wie Captain Kirk, aber doch häufiger, als man denkt. Beispielsweise bei der Wildschweinproblematik. Die Wildschweine in Deutschland sind ja ein Problem, über das nur selten berichtet wird. Dabei werden die Schwierigkeiten, vor denen wir stehen, immer größer. Wir haben nämlich in Deutschland viel zu viele Wildschweine. Vor ein paar Jahren hat diese Wildschweinschwemme angefangen und wuchs dann mit jedem neuen Frühjahr weiter an. Keiner weiß genau, wo diese ganzen Wildschweine hergekommen sind. Vermutlich hat der natürliche Feind vom Wildschwein nicht aufgepasst. Wobei ich aber auch gar nicht weiß, wer jetzt so genau ‚der natürliche Feind vom Wildschwein ist. Wahrscheinlich der Landgasthof. Oder Obelix. Oder Wölfe.

Gestoßen bin ich auf diese Wildschweinproblematik in der Rhön, wo ich jedes Jahr im Sommer und Herbst Ferien auf einem Reiterhof mache. Ich werde häufig gefragt, warum ich eigentlich immer wieder auf diesen Reiterhof fahre. Hierzu sollte man wissen, dass ich mich für Pferde überhaupt gar nicht interessiere. Also wirklich kein Stück, null, nix, auch dieses ganze Reiten und so, hör mir bloß auf. Furchtbar. Diese Reiterei und diese Pferde können mir wirklich gestohlen bleiben.

Insofern ist es schon verständlich, wenn mich viele Freunde fragen, warum ich jedes Jahr wieder auf diesen Reiterhof fahre. Die Erklärung ist denkbar einfach: Wenn ich schon mal Ferien habe, dann möchte ich in diesen Ferien auch so richtig freihaben. Möchte nichts, aber auch gar nichts machen müssen. Und da ist es dann natürlich sinnvoll, irgendwo hinzufahren, wo einen das, was dort ist, aber wirklich überhaupt nicht interessiert. Wo man eben gleich morgens schon sagen kann: «Gott, da muss ich jetzt aber echt nicht hin. Da verpasse ich ganz sicher nichts. Da kann ich ohne schlechtes Gewissen liegen bleiben.» Und in der Beziehung habe ich mich mit dem Reiterhof nun eigentlich ganz schön arrangiert.

Sehr gut in dieses Urlaubskonzept passt auch die Rhön. Also wer die Rhön kennt, weiß: Die Rhön lässt einen als Landschaft in Ruhe. Das ist keine aufdringliche Landschaft. Wirklich nicht. Da gibt es ganz andere Urlaubsgegenden. Gegenden, wo tausend Sachen auf einen einprasseln, man von x Reizen überflutet wird, an jeder Ecke stürzt es auf einen ein: Hier gibt's noch was, da ist eine Sehenswürdigkeit, das muss man noch gesehen haben, dieses darf man nicht verpassen, das hat aber nur bis 17 Uhr geöffnet, und das soll aber auch so schön sein, und dort hat man noch einen Tipp bekommen, und das, sagt der Reiseführer, darf man nicht verpassen, und an einem Tag kann man das alles gar nicht schaffen und auch in einer Woche nicht, nicht mal in einem Monat, und da ist noch was, und hier hast du was vergessen, und dann und hier und dort und drunter und drüber, da, hastenichjesehn?, und – so ist die Rhön nicht.

Gott sei Dank ist die Rhön überhaupt nicht so. Die Rhön ist eher so, dass man denkt: «Ach komm, lass mal noch Strickzeug mitnehmen.» Und zu Recht, weil, man schafft dort einiges und kann es auch gleich wieder gebrauchen. Weil, die Rhön ist ja gleichzeitig auch oft nasskalt. Leider. Ganz häufig ist es nasskalt in der Rhön. Quasi elf von zwölf Monaten im Jahr ist Regen. Oder so ähnlich. Die Wetterlage: Es sieht aus wie Regen, es fühlt sich an wie Regen, aber: kommt nichts. Man könnte sagen: das Gegenteil von Sommerregen. Es ist alles da, was man für Regen braucht, was zum Regen gehört, nur eben der Regen selbst nicht.

Trotzdem, also trotz mir, haben sie auf dem Reiterhof viele Pferde. Das finde ich auch verständlich, wegen der anderen Gäste, die bei einem Reiterhof natürlich auch Pferde erwarten. Die wären sonst enttäuscht. Der Großteil der Gäste auf so einem Reiterhof kommt ja immer noch wegen der Pferde. Da sollte man sich keinen Illusionen hingeben. Um den Pferden auf dem Hof auszuweichen, habe ich das Wandern für mich entdeckt. Mittlerweile bin ich ein begeisterter Wanderer geworden. Ein großartiger Sport. Für mich der zweitschönste Sport nach Angeln. Und Darts vielleicht noch. Und Kneipenbillard. Und Boule. Also Wandern gehört sicher zu den zwanzig schönsten Sportarten. Oder den fünfzig schönsten, aber das ganz bestimmt, denn es ist auch ein sehr spannender Sport.

In jedem Fall bin ich dort, in der diesigen Rhön, beim Wandern also auf diese Wildschweinproblematik gestoßen. Das eigentliche Problem sind natürlich nicht die Wildschweine selbst. Niemand hat grundsätzlich etwas gegen Wildschweine. Wegen der vielen Wildschweine ist mittlerweile ein großer Teil des Jahres für die Wildschweinjagd freigegeben, eigentlich ist fast durchgehend Wildschweinjagdsaison. Nun leidet die deutsche Jägerei aber unter großen Nachwuchsproblemen. Die meisten Jäger sind mittlerweile schon ziemlich alt, teilweise sogar sehr alt. So alt, dass sie häufig auch schon nicht mehr so richtig gut sehen. Präziser formuliert: Sie sehen leider gar nicht mehr so richtig. Und das eben macht jetzt wieder das Wandern zu einem spannenden Sport, weil man nie genau weiß, wen man trifft oder andersrum.

Deshalb musste ich beim Wandern, zumindest im Herbst, immer so eine orange Schutzweste mitnehmen und auch anziehen. Das ist kein Scherz, im Gegenteil, es war sozusagen Vorschrift. Zunächst war ich schon ein bisschen beleidigt, weil man mir damit mehr oder weniger unterstellte, man könne mich offensichtlich nur von einem Wildschwein unterscheiden, wenn ich so eine orange Schutzweste trage. So etwas hört niemand gern, das schürt den Trotz. Aber als ich dann die ersten Jäger gesehen habe, wie sie sich im Gelände zu den Hochsitzen getastet haben, habe ich die Weste doch lieber schnell angezogen.

Und jetzt kommen wir zur eigentlichen Wildschweinproblematik, denn Wildschweine sind sehr, sehr intelligente Tiere. Das wissen viele nicht. Ich wusste es auch nicht. Tatsächlich sind sie aber extrem intelligent. Viel intelligenter als Delfine zum Beispiel. Sehr viel intelligenter. Wildschweine gehen gar nicht erst ins Wasser. So intelligent sind die. Und deshalb haben die Wildschweine das mit den Westen natürlich längst mitgekriegt und sich selbst dann auch so orange Westen besorgt …

Nein, Quatsch. Das war nur ein Scherz. Das können Wildschweine natürlich nicht, und selbst wenn sie es könnten, würden sie es nicht tun, denn sie könnten die Westen gar nicht anziehen, da sie keine Daumen haben, was laut manchen Evolutionswissenschaftlern ja der wesentliche Unterschied zwischen den Wildschweinen und den Menschen ist. Wirklich wahr ist allerdings, dass die Wildschweine extrem intelligente Tiere sind, weshalb sie natürlich längst gemerkt haben: In der Nähe dieser orangen Menschen, da ist es relativ sicher.

So. Und jetzt hat man als Wanderer quasi die Wahl. Hat man keine Weste an, schießt der Jäger, und keiner weiß wann und wohin. Trägt man eine Weste, kommt das Wildschwein. Und das in der Regel ziemlich schnell und oft nicht allein …

Wir Wanderer sprechen bei so etwas ja von einer Lose-Lose-Situation, eben ähnlich der, in welcher ich mich jetzt mit Bernd im «Yorckschlösschen» befinde. Und noch ehe ich es selbst wirklich überblicke, begreife ich instinktiv, wie ich doch noch diesem Dilemma mit Bernd entkommen kann, indem ich plötzlich und wie aus dem Nichts in Bernds Vortrag brülle: «Das ist genau so wie mit den Wildschweinen!»

Bernd stutzt: «Mit was?»

«Na, mit den Wildschweinen. Diese ganze Bohrloch-Geschichte ist genau so wie die Geschichte mit den Wildschweinen …»

Ich nutze Bernds Verwirrung und fange direkt zu erzählen an, von den Wildschweinen und der Rhön und dem Wetter und den orangen Westen. Ich höre gar nicht mehr auf, und als ich nach gut einer halben Stunde wieder die überragende Intelligenz der Wildschweine streife, da erkenne ich, wie langsam das Feuer in Bernds Augen erlischt, und registriere zufrieden, wie er sich zu betrinken beginnt, konsequent und zügig. Das hätte Captain Kirk auch nicht besser machen können.

Jäger und Fallensteller

Mittlerweile weiß jeder, wir alle sollten viel weniger Fleisch essen. Auch ich weiß das. Wegen des Klimas, wegen der Würde der Tiere, wegen der Gesundheit, wegen der Nahrungsgrundlage für alle Menschen, wegen der Zukunft, eigentlich wegen allem. Tatsächlich esse ich auch schon viel weniger Fleisch, also zumindest esse ich viel weniger Fleisch, als ich könnte. Und sehr häufig muss ich mir das Fleisch, das ich dann esse, auch wirklich hart erarbeiten.

Doch der Reihe nach: Die Freundin hat mich einkaufen geschickt. Unter anderem soll ich Tofu besorgen, für das vegetarische Zürcher Geschnetzelte. Ich finde das vegetarische Zürcher Geschnetzelte großartig. Also ich finde großartig, dass es möglich ist, Zürcher Geschnetzeltes vegetarisch zuzubereiten. Bald wird es sicher auch möglich sein, blutig gebratenes Rumpsteak komplett vegetarisch zu bekommen, und ich werde der Erste sein, der es bestellt, aber gerade heute hätte ich das Geschnetzelte irgendwie lieber mit richtigem Kalbfleisch. Warum, weiß ich auch nicht, es gibt so Tage des Jägers, das kann man selbst praktisch gar nicht beeinflussen. Jetzt möchte ich deshalb aber natürlich keinen Streit anfangen. Das wäre ja auch albern, wegen so einem Blödsinn zu streiten. So etwas kann man doch auch mit einer liebevollen Lüge aus der Welt schaffen. Ich sage immer, wenn man sich nicht mehr die Mühe macht, sich füreinander liebevolle kleine Lügen auszudenken, dann wird es Herbst in der Beziehung. Also, wenn ich behaupte, die hätten kein Tofu gehabt, dann glaubt sie mir das nie. Das ist zu einfach. Ich rufe also vom Supermarkt aus an und sage:

– Du, ja hier ich, ich steh hier grad vorm Tofu, und das sieht echt nicht gut aus, nee, also echt nicht so toll, eher so oll, grünlich schimmernd, nicht schön, ich hab da echt kein gutes Gefühl bei.

Sie wirkt betroffen.

– Grünlich schimmernd?

– Ja, so grünlich. Also ich weiß nicht. Soll ich es trotzdem nehmen?

– Nee, das klingt ja nicht gut.

– Ja, schade, wo wir uns schon so auf das Geschnetzelte gefreut haben. Was machen wir denn jetzt?

– Lass mal überlegen. Ah, ich hab 'ne Idee.

– Ja?

– Hm, mach doch mal ein Foto vom Tofu und schick es mir. Ich guck mir das mal an.

– Was?

– Mit deinem Handy, ein Foto, und dann schickst du es mir.

– Äh, das geht nicht.

– Warum?

– Weil, weil, weil … hier ist kein Netz. Ganz schlechte Netzabdeckung hier im Supermarkt, wahrscheinlich haben die hier so ein Metalldach oder so.

– Kein Netz?

– Ja, leider, ganz, ganz schlecht hier.

– Horst, wir telefonieren gerade.

– Was? Ah, ja. Gutes Argument. Kompliment. Sehr gutes Argument. Aber das ist auch Festnetz, das haben die hier im Markt. Weil die ja kein Netz haben, sind hier Festnetzgeräte.

– Horst, deine Nummer leuchtet auf meinem Display.

– Ja, stimmt, das kann sein. Das ist sogar logisch, weil, das ist hier so eine technische Erweiterung, das ist jetzt so ein Festnetz, wo man sich mit dem Handy direkt einstöpseln kann. Das ist nochmal besser, das ist quasi wie WLAN, aber eben zusätzlich noch mit Kabel.

– Und da kannst du dich einfach mit dem Handy ins Festnetz einstöpseln?

– Ja, ne, super, was heute technisch so alles möglich ist, oder?

– Allerdings. Na, wenn das so einfach mit dem Handy über das Festnetz ist, dann kannste ja auch schnell das Foto schicken.

Sie legt auf. Schwächere Charaktere als ich würden jetzt vielleicht aufgeben. Vielleicht würden auch klügere oder vernünftigere Charaktere aufgeben. Ich jedoch hole drei Plastikbeutel Tiefkühlerbsen, um irgendwie einen Lichtfilter für grünlich schimmernde Tofufotos herzustellen. Ein Supermarktangestellter fragt, ob er mir irgendwie behilflich sein kann. Schicke ihn drei grüne Weinflaschen holen, mit deren Spiegel-Lichtreflex sind vielleicht sogar noch bessere Fotos möglich. Nach rund zwanzig Minuten Arrangieren und mit Hilfe mehrerer Kunden, Olivenölflaschen und grünen Bonbonverpackungen kriege ich tatsächlich ein paar ganz gute Fotos hin. Wir sind alle sehr zufrieden. Nur dreißig Sekunden nach dem Schicken ruft die Freundin zurück:

– Hallo, Horst, du, ich glaub, das Tofu ist okay, die haben das wahrscheinlich nur schlecht beleuchtet, als wenn da grünes Plastik vorgespannt wäre oder so. Das kannste nehmen.

– Hm, jetzt sehe ich es auch. Schlimm. Na, da ist hier aber wohl jemand ganz schön dämlich gewesen, was?

– Jaja, wahrscheinlich, so was passiert. Und? Haste sonst alles vom Zettel?

– Oh, der Zettel, dazu bin ich bis jetzt noch gar nicht gekommen ... der Zettel ... Du, sag mal, steht hier Kalbfleisch auf dem Zettel?

– Ja, ich hatte mir überlegt, doch lieber original Geschnetzeltes zu machen. Hatte ich mehr Lust drauf. Entschuldigung, ich hätte dich vorher fragen sollen.

– Och, du weißt doch, mir ist das eigentlich gleich. Mach dir keine Gedanken, mach ich auch nicht.

Gescheiterte Beziehungen

Im Gegensatz zu weitverbreiteten Vorurteilen machen sich Männer sehr wohl, sehr viel und sehr häufig Gedanken darüber, wann, wie und warum eine Beziehung gescheitert ist. Zumeist sind es Kleinigkeiten, oft nur einzelne Gespräche, die den Anfang vom Ende markieren. Bei der Analyse meiner gescheiterten Beziehungen habe ich mich an drei Gespräche erinnert, die den Beginn des Auflösungsprozesses einer doch so hoffnungsfroh gestarteten Zweisamkeit womöglich sogar idealtypisch einfangen.

Wir gehen aus
Das Telefon klingelt. Maria ist dran.
– Hallo, Horst, wie geht's?
– Och, na ja, und selbst?
– Geht so. Was hast du denn heute so gemacht?
– Ach, hör auf, ich hab den ganzen Tag außer Putzen nichts gemacht.
– Oh, dann ist es bei dir ja jetzt total sauber, was?
– Nee, eigentlich gar nicht.
– Du hast doch den ganzen Tag geputzt.
– Das hast du falsch verstanden. Als ich gesagt habe, ich habe den ganzen Tag außer Putzen nichts gemacht, meinte ich damit, ich habe fünf Minuten geputzt und sonst den ganzen Tag nichts gemacht.
– Ach so. Auch gut. Ich dachte, wir könnten heute Abend mal was unternehmen.
– Ah super, hab ich auch schon gedacht. Was schwebt dir denn so vor?
– Ich dachte, du schlägst mal was vor.
– Ich, äh, natürlich, kein Problem, ähm, Kino vielleicht?

– Ach nööö.

– Kneipe sitzen schön?

– Das machen wir ständig. Ich dachte, wir zwei gehen vielleicht mal tanzen.

– Tanzen! Genau! Super! Das wollte ich auch gerade vorschlagen.

– So ein Quatsch. Du schlägst nie vor, tanzen zu gehen.

– Das ist nicht wahr. Ich wollte das gerade vorschlagen. Als Erstes sogar. Mir ist nur das Wort entfallen. Dann wollte ich es umschreiben mit «wo es immer total laut is und alle schwitzen und dann auch ein bisschen riechen».

– Hm. Und wirst du denn auch tanzen?

– Klar, wenn die Musik gut ist.

– Was muss das denn für Musik sein, damit du tanzt?

– Na so … na so … na so Tanzmusik eben, diese Musik, wo ich dann auch immer tanze.

– Und welche Musik genau ist das?

– Ach, mal so, mal so. Das wechselt.

– Du wirst also nicht tanzen. Ich werde tanzen, und du wirst am Tresen sitzen und Bier trinken.

– Genau, machen wir uns doch einen richtig schönen Abend. Zusammen und auch jeder einzeln.

– Und dann bist du wieder sauer, wenn mich andere Männer ansprechen.

– Das ist ja auch blöd. Gerade für mich.

– Na und, was soll ich denn dagegen machen, wenn du nicht tanzt? Mir ein Laken über den Kopf hängen?

– Prima, schön, dass du es ansprichst. Ich bring ein Laken mit …

Ich glaube, in diesem Moment hat unsere Beziehung einen ersten feinen Riss bekommen.

81

Pünktlichkeit

Tanja und ich waren verabredet. Im Restaurant. Leider habe ich die Zielzeit ein klein wenig verfehlt. Tanja begrüßt mich mit kühler Strenge:

– Hallo, da bist du ja schon.

– Schon? Ich dachte, ich sei zu spät.

– Bist du auch, das war ironisch, du Idiot!

– Ich denke, du magst keine Ironie?

– Eben. Wir waren um eins verabredet, jetzt ist es drei. Das sind zwei Stunden.

– Hoi, das war aber schnell gerechnet.

– 120 Minuten. 7200 Sekunden.

– Is ja gut jetzt.

– 7 200 000 Millisekunden.

– Tanja, es reicht.

– Weißt du, wie viele verschiedene Operationen ein moderner Computer in einer Millisekunde durchführen kann?

– Nein.

– Ich auch nicht.

– Gut, dann schätze ich mal fünfhundert.

– Fünfhundert. In zwei Stunden wären das 3 600 000 000 verschiedene Denkoperationen.

– Wie kannst du das nur so schnell ausrechnen?

– Keine Ahnung. Wenn ich wütend bin, kann ich gut rechnen, das war schon immer so. Während der Computer in zwei Stunden 3 600 000 000 verschiedene Denkoperationen durchführt, habe ich genau eine geschafft: Warum lässt dieser Idiot mich hier warten? Glaubt der, ich hab nix Besseres zu tun, als hier zu sitzen und ununterbrochen zu denken: Warum lässt dieser Idiot mich hier warten? Glaubt der, ich hab nix Besseres zu tun, als hier zu sitzen … Diese Endlosschleife hab ich seit zwei Stunden im Kopf. Es hört nicht auf.

Weißt du, was das für ein Gefühl ist, so eine Endlosschleife im Kopf zu haben?

– Das weiß ich besser, als du glaubst. Wie gefällt dir die Endlosschleife: Verdammt, ich bin zu spät. Ich sollte jetzt wirklich aufstehen. Aber so zu spät, wie ich jetzt bin, brauch ich schon eine wirklich gute Ausrede für Tanja, sonst ist die sauer, aber wenn ich erst mal aufgestanden bin, fällt mir nix mehr ein, da muss schon jetzt was her, solange ich noch im Bett liege, aber ich kann nix anderes denken als: Verdammt, ich bin zu spät. Ich sollte jetzt wirklich aufstehen. Aber so zu spät, wie ich jetzt …

– Wieso Ausrede? Warum versuchst du es nicht einfach mal mit der Wahrheit?

– Also gut, ich bin von Außerirdischen entführt worden und sollte denen die Stadt zeigen.

– Gut, vergiss das mit der Wahrheit.

– Siehst du, so geht's mir, wenn ich die Wahrheit sage.

– Mensch, Horst, ich bin doch auch immer pünktlich.

– Eben, das schätz ich auch sehr an dir, und deshalb komme ich zu spät. Nur für dich.

– Was?

– Versteh doch. Menschen wie ich sind es, die deine Pünktlichkeit zu etwas Besonderem machen. Wenn alle immer pünktlich wären, würde deine Pünktlichkeit niemanden beeindrucken. Ich bin es, der deinen Glanz erst ermöglicht.

– Fließt dieses Gerede einfach so aus dir raus, oder trainierst du das?

– Tanja, glaubst du, mir macht es Spaß, ständig zu spät zu kommen? Um ehrlich zu sein: Zwei Stunden bin ich draußen auf und ab gelaufen und habe mich gelangweilt, nur damit ich schön zu spät komme, du dich besser fühlst und etwas Besonderes bist. Aber jetzt bin ich ja da.

– Tja, aber dafür bin ich jetzt weg.

Zuerst habe ich gedacht, sie würde nur auf Toilette gehen. Aber als sie nach viereinhalb Stunden immer noch nicht zurück war, ahnte ich: Wenn ich jetzt die Beziehung beenden wollte, würde ich schon wieder zu spät kommen.

Kleidung

Um elf hole ich Marion ab.

– Komm, Horst, der Pullover ist ja wohl nicht dein Ernst?

– Warum, was ist denn?

– Der ist furchtbar. Das ist mir peinlich. Komm, zieh den sofort aus!

– Das ist mein Lieblingspullover.

– Ich weiß, darum trägst du ihn ja auch ununterbrochen. Aber er sieht aus wie ein Putzlappen. Du siehst darin aus wie ein einziger Putzlappen. Der macht dir eine total ungesunde Gesichtsfarbe.

– Das ist nicht der Pullover.

– Außerdem ist da total viel Plastik drin, und der stinkt doch.

– Das ist auch nicht nur der Pullover.

– Komm, tu mir einen Gefallen, vergrab ihn ganz tief im Schrank und hol ihn da nie wieder raus.

– Ich hab keinen Schrank.

– Ach ja, bei nur einem Pullover lohnt sich das ja auch nicht richtig.

– Ich find das nicht richtig, wie du über den Pullover redest. Wie muss der sich denn jetzt fühlen? Stell dir mal einen anderen Planeten vor oder ein Paralleluniversum, wo die Pullover die herrschende Macht sind, und wir Menschen sind dort für die nur Kleidungsstücke. Versetz dich da mal rein, wie das ist, wenn man dann aussortiert wird und sein

Leben lang im Schrank stehen muss. Wenn da ein Pullover zum anderen sagt: Diesen Menschen, den ziehst du mir aber nicht mehr an, der sieht ja aus wie ein Horst, und wenn du den anhast, siehst auch du aus wie ein einziger Horst. Stell dir mal vor, wie man sich dann fühlt!!!

Marion starrt mich an. Tatsächlich bin ich ja fest davon überzeugt, dass die Pullover irgendwann hier auf der Erde die Macht übernehmen werden. Auch deshalb trage ich diesen Pullover dauernd, um dann als unkleidsamer Mensch noch ein erträgliches Leben zu haben, weil der Pullover sich erinnert, dass ich immer gut zu ihm war. Aber das sage ich Marion lieber nicht.

– Horst, ich weiß, was du jetzt denkst.

– Glaub ich nicht.

– Doch, ich kenn dich. Du denkst, die Pullover werden sowieso irgendwann die Macht übernehmen.

– Stimmt gar nicht!

– Doch, doch. Du hast wieder diesen Ich-denk-jetzt-absichtlich-Scheiße-Blick.

– Nein.

– Doch.

– Wie soll dieser Blick denn gehen?

– Genau so, wie du gerade guckst.

– Stimmt nicht.

– Doch.

– Nein.

– Doch.

Ich glaube, dies war der Moment, wo sich Marion und ich ein wenig entfremdet haben.

Schusswaffen für alle

Zeige mir deinen Spam-Ordner, und ich sage dir, wer du bist.

Falls dieser zurzeit so moderne Satz wirklich stimmt, dann bin ich mir selbst aber nicht besonders sympathisch. Wenn das, was in meinem Spam-Ordner so landet, wirklich etwas Grundlegendes, Tiefes über mich aussagt, dann bin ich ohne Frage ein sehr, sehr kranker Mensch mit höchst eigenartigen Vorlieben und Problemen. Neben den vielen Tipps und Vorschlägen für ein glücklicheres und vor allem, nennen wir es mal, imposanteres Sexualleben bin ich wohl jemand, der gern pokert, grundsätzlich hilfsbereit gegenüber vermögenden afrikanischen Diplomaten ist, praktisch wöchentlich einen neuen Schreibtischstuhl benötigt, bevorzugt das Modell Chefsessel, und sich geradezu brennend für lufthydraulische Barhockerweltneuheiten interessiert. Meine große, meine absolute und alles überstrahlende Leidenschaft jedoch, das sind und bleiben natürlich die Flaggenmasten. Einen Flaggenmast kann man einfach immer brauchen. Ein Flaggenmast zeigt der ganzen Welt: Hier wohnt jemand, der etwas zu sagen hat. Findet zumindest mein Spam-Ordner.

Dies alles besucht seit langem mein Mailprogramm. Nichts, was ich ungewöhnlich oder irritierend finde. Seit ein paar Tagen jedoch bekomme ich auch Werbung für waffenscheinfreie Schusswaffen geschickt. Das hat mich schon verblüfft. Wie bin ich denn jetzt bitte schön in diesen Verteiler gekommen? Welche Homepages oder so könnte ich mir angesehen haben, die irgendein anonymes, unbestechliches, vollautomatisches Käufer-Kundenprofil-Erstellungsprogramm zu der Überzeugung gebracht haben, ich hätte Interesse an waffenscheinfreien Schusswaffen?

Vor circa einer Woche hatte ich einen zunächst freundlichen, dann sachlichen, am Ende jedoch aggressiven Mailwechsel mit meinem Mobilfunkanbieter, der mir ein Abo abrechnet, das ich nie abgeschlossen habe. Ich kann aber auch nicht sofort kündigen. Die spektakuläre Begründung hierfür lautet: Für eine fristlose Kündigung müsste ich ihnen den Vertrag zuschicken, den ich ja nicht habe, da ich nie einen Vertrag abgeschlossen habe, und den ich jetzt nicht fristlos kündigen kann, da dies nur mit dem Vertrag, den ich ja gar nicht habe, ginge. Ich weiß nicht, ob durch diese kurze Schilderung das Problem klargeworden ist. In jedem Fall ist es sehr, sehr unerfreulich. Deshalb kam es also am Ende zu dem ausgesprochen aggressiven Mailwechsel.

Und nun landet in meinem Spam-Ordner Werbung für waffenscheinfreie Schusswaffen. Kann es sein, dass mein Mobilfunkanbieter tatsächlich die Adressen von unzufriedenen Kunden an Waffenfirmen weiterverkauft? Wissen das die Mitarbeiter der Mobilfunkfirma? Oder ist es sogar andersrum? Also dass die Waffenfirmen die Mobilfunkanbieter und andere Unternehmen oder Behörden bezahlen, damit die immer mal wieder Kunden in den Wahnsinn treiben und zu potentiellen Käufern von Schusswaffen machen? Vielleicht stecken sogar die Pharmafirmen noch mit unter der Decke, die ja mit ihren Beruhigungsmitteln und Antidepressiva auch nicht schlecht von in Verzweiflung getriebenen Kunden profitieren.

Möglicherweise bin ich da einer ganz, ganz großen Sache auf der Spur.

Das kriminelle Genie

Meine Haftpflichtversicherung schrieb mir vor einiger Zeit, sie wetten mit mir, dass ich zu viel für meine Kfz-Versicherung zahle. Die Kfz-Versicherung von ihnen sei mit Sicherheit billiger und besser als meine jetzige. Ich war skeptisch, allein schon weil ich weder ein Auto noch eine Versicherung habe. Außerdem schrieben sie leider auch gar nicht, worum sie mit mir wetten. Schade, weil, gewonnen hätte ich die Wette ja wohl.

Als ich Julia, die mich zum Frühstück eingeladen hatte, von meiner Haftpflichtversicherung erzählte, war sie begeistert:

– Echt, Horst? Du hast eine private Haftpflichtversicherung?

– Ja, die musste ich damals wegen der Waschmaschine in der Wohnung abschließen. Die Vermieterin hätte mir die Wohnung ohne private Haftpflicht nicht gegeben.

Julia verschwand plötzlich, kam dann mit einer großen Vase wieder.

– Hier. Mach die mal kaputt.

– Was?

– Die ist hässlich, groß und ein Geschenk vom doofen Josef.

Der doofe Josef ist Julias Exfreund, nicht zu verwechseln mit dem Arsch-Martin, dem blöden Johannes oder dem Sackgesicht-Sebastian, ihren anderen Exfreunden. Wenn es in anderen Kreisen vielleicht ein edles Ziel sein sollte, nach einer Trennung sagen zu können: «Wir sind aber trotzdem Freunde geblieben», dann ist Julia von diesen anderen Kreisen einigermaßen weit entfernt. Julia hat noch nie Interesse an einem freundschaftlichen oder irgendwie zivilisierten Ende einer Beziehung gezeigt. Manchmal habe ich sogar das

Gefühl, sie geht auch deshalb immer wieder neue Beziehungen ein, weil es ihr so viel Spaß macht, sich krachend und lautstark zu trennen.

– Ich hab noch die Quittung von dem Scheißding. Die hat der Idiot mir damals mitgeschenkt.

Sie fuchtelte mit der Vase.

– Das zahlt die Versicherung doch garantiert, oder? Das müssen die dann doch zahlen!

– Sag mal, Julia, spinnst du?

– Was? Wieso? Ah, natürlich, du hast recht, wegen so einer Popelvase vom doofen Josef verballern wir doch nicht deinen Haftpflichtjoker. Moment. Ich hab's …

Wieder verschwand sie, diesmal für rund zehn Minuten, und kam mit einem riesigen, gigantischen Stapel Wäsche zurück.

– So, Horst, ich hab mal ein bisschen aussortiert. Die Klamotten sind quasi über, die kannst du jetzt alle für mich waschen. Kochwäsche! Bei fünfundneunzig Grad. Und dann kann ich mich auf Kosten deiner Haftpflicht komplett neu einkleiden. In den besten Läden der Stadt.

Sie strahlte. Ich war verängstigt.

– Julia, das geht nicht.

– Wieso? Okay, okay, du kannst dir davon auch was kaufen, außerdem hast du zur Belohnung ein Mitspracherecht, also du darfst mitkommen in die Läden und mir beim Aussuchen helfen.

Jetzt bekam ich richtig Angst.

– Nein, Julia, das geht technisch nicht. Wenn ich dir die Wäsche wasche, gilt das als Freundschaftsdienst. So was erkennt die Versicherung nicht an.

– Echt?

Sie wirkte aufrichtig überrascht, wusste aber eine Lösung:

– Na, dann tun wir eben so, als wenn wir uns nicht kennen würden.

– Julia, warum sollte ich dir die Wäsche waschen, wenn wir uns gar nicht kennen?

– Na, du bist eben bei mir eingebrochen und hast heimlich meine Wäsche gewaschen. Bei fünfundneunzig Grad.

– Aber warum sollte denn ein Einbrecher so was tun?

– Na, du bist eben kein normaler Einbrecher, sondern halt so einer mit einer ganz besonderen Perversion. Eben so einer, der zwanghaft die Wäsche von schönen Frauen waschen muss.

– Ich bin ein perverser Einbrecher, der zwanghaft die Wäsche von fremden Frauen wäscht?

– Von fremden schönen Frauen. Bei fünfundneunzig Grad.

– Also ich weiß nicht.

– Ach komm, da ist doch nichts dabei, das kennste doch aus Filmen, diese perversen Typen mit so einer Frauenklatsche, die über diese Frauen Macht gewinnen wollen, indem sie deren Wäsche waschen, weil sie es einfach nicht akzeptieren, nicht ertragen können, die intellektuelle Dominanz dieser schönen fremden Frauen.

– Moment mal, deine was?

– Intellektuelle Dominanz. Entschuldigung, das bedeutet praktisch, dass ich schlauer bin als du ...

– Ich weiß, was das bedeutet.

– Eben, und weil du das nicht ertragen kannst, also meine intellektuelle Überlegenheit, da brichst du bei mir ein und wäschst meine Wäsche bei fünfundneunzig Grad, um dadurch Macht über mich zu gewinnen.

– Ich gewinne Macht über dich, indem ich deine Wäsche wasche?

– Ja, das ist so. Alter Frauentrick, weißte. Und außerdem

bist du ja auch pervers und völlig verrückt. Mach dir keine Sorgen, ich habe alles genau durchdacht.

Sie lachte aufgeregt, ihre Augen funkelten, ein gewisser Wahnsinn hatte sich schon in ihr Gesicht geschlichen. Ich musste jetzt einen Schlussstrich ziehen, also sprang ich auf und verkündete mit fester Stimme:

– Nein, Julia. Ich werde deine Wäsche nicht waschen. Niemals, nicht einmal bei sechzig Grad!

Dann drehte ich mich um die eigene Achse und wendete mich in großer, theatralischer Geste ab. In der Drehung stieß ich versehentlich gegen die Vase, die direkt runterfiel und in tausend Stücke zersprang.

Julia war dann doch noch sehr zufrieden.

Das Geheimnis des Tanztheaters

Freitagnacht, 2.30 Uhr. Wir stehen einigermaßen betrunken auf der Straße und überlegen, was man jetzt noch machen könnte. Bislang waren der Abend und die Nacht so mittelmäßig erfolgreich verlaufen, also höchstens mittelmäßig. Dabei hatte er so vielversprechend angefangen. Wir waren im Tanztheater gewesen. Das war wirklich super. Jutta, Jana, Lydia, Thomas und ich waren uns einig. Man geht ja viel zu selten ins Tanztheater, dabei ist das so schön. Wir bedankten uns alle bei Jana, deren Idee das gewesen war. Weil es keine Pause gab, war es bereits um zwanzig nach neun vorbei. Das ist schon auch toll, weil, dann ist ja hinterher der Abend noch jung, und man kann ohne schlechtes Gewissen oder kleinbürgerliche Bedenken irgendwo zusammen hin, auf ein schnelles gemeinsames Bier, um die Eindrücke des Tanztheaters nochmal gemeinsam zu besprechen, die Empfindungen zu vergleichen oder auch nur um nachzufragen, worum das Stück jetzt irgendwie so ganz genau ging, also wenn man das denn überhaupt so sagen kann, was man ja wahrscheinlich nicht kann. Lydia glaubte, sie sei schon auf irgendeine Weise verzaubert von dem Gesehenen, aber warum, das könne sie überhaupt nicht sagen. Wir stimmten zu und beschlossen deshalb, dieses nun im Gespräch zu ergründen.

Leider macht Tanztheater aber auch immer sehr viel Durst. Wer schon einmal da war, der kennt das. Beim Tanzen zuzuschauen ist körperlich fast so anstrengend, wie selbst zu tanzen. Also zumindest, wenn man nur selten selbst tanzt. Deshalb hatten Jutta, Jana, Lydia, Thomas und ich das eine, schnelle, gemeinsame Bier bereits ausgetrunken, noch bevor wir auch nur angefangen hatten, über das Tanztheater zu reden. Während des zweiten Biers stellten wir fest, es liegt auch am Ort. Das von uns gewählte erstbeste Lokal eignete sich nämlich gar nicht, um über Tanztheater zu sprechen. Solche Orte gibt es ja, wo ein Gespräch über Tanztheater einfach nicht richtig in Gang kommt. Warum, weiß niemand, aber es ist so. Also tranken wir aus und suchten einen besseren Ort. Leider waren auch die Lokale 2 bis 4 irgendwie gar nicht geeignet. Dies konnten wir allerdings, Gott sei Dank, schon immer nach dem jeweils ersten Bier feststellen. Mittlerweile war es nach Mitternacht, und wir waren schon ein wenig in Sorge. Dann jedoch, auf dem Weg zur fünften Kneipe, fiel uns endlich unser furchtbarer, grundsätzlicher Fehler auf. Natürlich hatte sich noch kein richtiges Gespräch über das Tanztheater entwickeln können. Wir waren ja auch immer nur in Kneipen gegangen. Also wie doof kann man denn sein? Wenn man vernünftig über Tanztheater reden will, sollte man natürlich in eine Cocktailbar gehen. Zufällig fiel uns unser Fehler auch noch direkt vor einer Cocktailbar auf, die zudem mit einer Midnight-Happy-Hour von zwölf bis zwei Uhr warb. Warum die Happy Hour in dieser Bar zwei Stunden dauerte, war zwar unklar, aber auch nicht unser Problem, sondern eher das Gegenteil.

Voller Mut und Hoffnung betraten wir die Cocktailbar. Jetzt galt es nur noch herauszufinden, welcher Cocktail denn der richtige ist, um über Tanztheater zu sprechen. Um es vorwegzunehmen: Den wirklich richtigen, idealen Cocktail für Tanztheatergespräche haben wir leider nicht gefunden, dafür aber bei einer ganzen Reihe anderer Cocktails wertvolle Grundlagenforschung betreiben können:

«Mai Tai» ist perfekt, um übers Wetter zu reden, «Brain Massacre» passt sehr gut zu Hertha BSC, für Westerwelle eignet sich ein «Zombie», bei «Coconut Kiss» wurde der Zustand der Toiletten angeklagt, beim «Piña Colada» verkündete Jutta, der Typ hinter der Bar sei süß, beim «Caipirinha» einigten wir uns, würde man heute ein Kind bekommen, würde man es Eyjafjallajökull nennen, beim «Caipiroschka» befand Jutta, der Typ hinter der Bar sei schwul, der könne ja nur schwul sein, bei «Bahama Mama» stellte Thomas die These auf, das Tolle an guten Cocktails sei ja, dass man von ihnen praktisch gar nicht betrunken wird, während ihres «B-52» erklärte Jana, der Zustand der Toiletten habe sich durch ihren Besuch leider nochmal verschlechtert, beim «Sudden Death» schließlich kamen wir alle überein, wären wir vor einer halben Stunde gegangen, dann hätten wir sagen können, wir sind zum richtigen Zeitpunkt gegangen.

Kurz darauf standen wir wieder auf der Straße und hatten immer noch nicht über das Tanztheater gesprochen.

Also passierte, was immer passiert, wenn man freitagnachts um 2.30 Uhr angetrunken auf der Straße steht. Hunger.

Jutta, Jana, Lydia und Thomas beschließen, dass es reicht, wenn einer an der Currywurstbude ansteht. Ich dürfe raten, wer. Sehr lustig.

Ich frage: «Warum ich?»

Sie sagen, das sei eine berechtigte Frage, ich solle doch ruhig darüber nachdenken, während ich anstehe. Sie lachen.

Ich sage: «Ich kann mir so viele Bestellungen nicht merken. Schon sonst nicht, aber jetzt langsam wird mir auch klar, wie dieser Cocktail ‹Brain Massacre› eigentlich zu seinem Namen gekommen ist.»

Meine vier fiesen Freunde beruhigen mich: «Ach komm, Horst, die Bestellung ist ganz einfach. Wir nehmen alle Currywurst mit Pommes rot-weiß.»

Also gut, das kann ich ja vielleicht doch mal versuchen. Und dann habe ich immerhin auch mal was für unsere Freundschaft getan, etwas, was ich ihnen noch jahrelang vorhalten kann. Außerdem stelle ich zu meiner großen Verblüffung fest, dass ich ohnehin schon anstehe. Vier Leute sind vor mir. Die Freunde stellen sich drei Meter weiter an einen Stehtisch. Was dann geschieht, versuche ich jetzt einfach mal genau so wiederzugeben, wie ich mich noch daran erinnern kann, ohne etwas wegzulassen oder hinzuzufügen. So komplett, wie es eben ein treues Hirn nach dem Fluten durch mehrere Cocktails noch kann:

Jutta ruft rüber, sie hat die Mayonnaise gesehen, sie will jetzt doch keine Mayonnaise, Thomas will seine Curry ohne Darm, Lydia mit Darm, aber ohne Curry, Jana doch lieber Boulette, Thomas die Pommes ohne Salz, Jutta will jetzt doch Remoulade, Lydia statt Wurst lieber Fleischspieß, Thomas statt Pommes Kartoffelsalat, Jana will doch nur 'nen Kaffee, Lydia doch lieber nur Pommes, Thomas statt Kartoffelsalat Nudelsalat, Jutta keine Wurst, lieber Schnitzel, Thomas sagt, ich soll fragen, ob der Nudelsalat mit Mayo, wenn mit Mayo, dann doch lieber Kartoffelsalat, wenn Kartoffelsalat auch mit Mayo, dann egal, oder doch nicht, dann statt Salat lieber 'ne zweite Wurst, Jana will statt Kaffee lieber Kakao, Lydia doch zu den Pommes Bouletten, Jutta sagt, ich soll fragen, ob es Suppe gibt, alle rufen, wenn es Suppe gibt, dann wollen sie: keine!, Jana ruft, einfach Brot dazu, viel Brot dazu, Thomas will die zweite Wurst mit Darm, Jana möchte Zwiebeln, viele Zwiebeln, aber nicht scharf, Lydia nur Brot, Jutta das Brot extrascharf, Thomas will jetzt doch den Darm ohne Wurst …

Dann wird mein Hirn ohnmächtig. Eine der wunderbarsten Eigenschaften meines Hirns ist, dass es ohnmächtig werden kann, ohne dem Restkörper davon etwas zu verraten. Der läuft dann irgendwie mit Autopilot unauffällig weiter, während das Hirn einfach für ein paar Minuten den Laden zusperrt und mal gründlich durchfegt. Habe mir diese Technik der kontrollierten Gehirnohnmacht schon in der Schule angewöhnt. Speziell, wenn die Lehrer einen Ich-glaube-ihr-hört-mir-gar-nicht-richtig-zu-Vortrag begonnen haben, dann ist mein Hirn gerne ohnmächtig geworden.

Als ich wieder zu mir komme, höre ich die Stimmen vom nahen Stehtisch wie aus einem tiefen Nebel heraus: «miit Daaaarrrm, ooohne Mayooo, Bouleeeetten, extraaa Zwiebeln, extraaaschaaarf …»

Dann bin ich plötzlich dran. Der Imbissmann lächelt mich an. Ich schaue zurück und versuche verzweifelt, nicht zu weinen. Merke dann doch, wie eine Träne aus dem Auge zu tropfen dräut.

Der Imbissmann sagt: «So, das sind dann bei Ihnen zwei Curry mit Darm, eine ohne, mit extra Zwiebeln, extrascharf, eine Pommes rot-weiß, zwei nur rot, drei Bouletten, ein Fleischspieß und zwei Kaffee mit viermal Brötchen.»

Ich starre ihn wortlos an.

Er sagt, er habe die Bestellungen meiner Freunde ja die ganze Zeit verfolgt und sich das eben gemerkt.

Jetzt heule ich richtig. Mein Held!

Er fragt, ob ich denn auch etwas möchte. Unter Tränen sage ich: «Nein, nur ein Autogramm.»

Er pikt in eine Krakauer und spritzt mit dem Wurstfett seinen Namen auf eine Serviette. Geschickt ist er auch noch.

Zwanzig Minuten später warte ich an der Bushaltestelle auf den Bus nach Hause. Ein abgerissen aussehender Mann sitzt auf dem Bänkchen und starrt mit gläsernen Augen vor sich hin. Setze mich neben ihn und schaffe es direkt, genauso gläsern wie er zu starren. Er sagt: «Und? Auch im Tanztheater gewesen?»

Nach einer sehr langen Pause nicke ich. «Wir haben einfach kein passendes Getränk gefunden, um darüber zu reden, obwohl wir wirklich alles versucht haben.»

Er legt mir eine Hand auf die Schulter. «O ja, das kenn ich gut. Da kann man leider gar nichts machen.»

Als wir in den Bus steigen, sagt der Mann plötzlich zur Fahrerin: «Schon Ende der siebziger Jahre stand das Tanztheater der Pina-Bausch-Tradition für ein Theater des befreiten Körpers und des befreiten Geistes.»

Die Busfahrerin lächelt und antwortet: «Und Sasha Waltz hat diesen Gedanken des Tanztheaters im Dialog mit Gebäuden und Gegenständen aufgenommen.»

Und ich denke, entweder bin ich jetzt verrückt geworden oder an der Bushaltestelle eingeschlafen. Ich weiß nicht, was mir lieber wäre.

HERBST

> Die Leute, die niemals Zeit haben,
> tun am wenigsten.
>> *Georg Christoph Lichtenberg,*
>> deutscher Denker

Der weinende Engel

Die Buchmesse in Frankfurt. Stehe im Gang in der Halle vor irgendeinem Verlagsstand und denke einen für die Buchmesse sehr typischen, weitverbreiteten Gedanken. Ich überlege, in welche Richtung es wohl kürzer zur Toilette ist. Bin unsicher. Komme mir verloren vor. Warum bin ich hier? Warum sind die anderen hier? Und warum sind wir es gleichzeitig? Obwohl, ohne all die anderen und die ganze Buchmessendekoration wäre die Halle vermutlich auch nicht sehr viel schöner oder gastlicher.

Vor und neben mir sausen unzählige Leute mit Diktiergeräten, Notizblöcken, Mikrophonen oder Kameras herum. Man hat das Gefühl, hier kommen auf jeden Besucher zwei Journalisten. Deshalb scheinen auch alle permanent auf der Suche nach jemandem, den sie interviewen können.

Zwei Menschen mit einer Kamera, die wohl für irgendeinen Internet-Fernseh-Sparten-Portal-Blogger-Web-TV-2.0-schlag-mich-tot-Sender oder so etwas Ähnliches unterwegs sind, fragen mich, ob ich auch ein Autor bin.

Sage, ich glaub schon, also zumindest behauptet mein Verlag das.

Sie freuen sich. «Endlich», jubelt der eine und spricht ohne

Umschweife das strenge Urteil: «Dann werden wir Sie jetzt interviewen.» Er zückt das Mikrophon, während der andere, der die Kamera trägt, gleich noch das Strafmaß verkündet: «Dauert nur fünf Minuten!»

Ich erkläre ihnen, ich sei eigentlich gerade auf dem Weg zur Toilette.

«Höhö, die läuft Ihnen ja nicht weg», lacht der eine, und ich bin unglaublich stolz darauf, dass ich jetzt diese ganze Legion von niveaulosen, unappetitlichen Toilettenwitzen, die sich aber so was von aufdrängen würden, allesamt nicht mache, sondern in angemessener Würde schweige. Jeder, der schon einmal einen schlimmen und billigen Witz nicht gemacht hat, obwohl er die Möglichkeit dazu gehabt hätte und es eigentlich auch ganz spontan und inhaltlich sogar irgendwie passend gewesen wäre, der sich also trotz guter Aussicht auf relativen Erfolg diesen schlimmen und billigen Witz dann einfach verkniffen hat, der weiß, was für ein erhebendes Gefühl es sein kann, wenn man dem schlimmen und billigen Witz im eigenen Kopf widerstanden hat, ihn einfach nicht rausgelassen hat, sozusagen den inneren Kalauer besiegt hat. In Andalusien sagt man: Jeder schlechte Witz, der nicht gemacht wurde, lässt einen Engel lachen.

Der andere, also der Kameramann, prustet los: «Hihi, nee, hihi, die Toilette läuft ihm nicht weg, aber wer weiß, was sonst, höhöhöhööö …» Er strahlt, und vor meinem inneren Auge erscheint ein kleiner, trauriger Engel, der heulend in Andalusien sitzt.

Um abzulenken, beginnt der eine jetzt das Interview: «Welches Buch haben Sie denn geschrieben?»

Der Einfachheit halber und damit es schneller geht, zeige ich wahllos auf eines der Bücher vom Verlagsstand hinter mir: «Das da!»

«Was? Echt? Na, das ist ja interessant. Also da haben wir wirklich mal Glück gehabt. Solche Autoren stellt man sich sonst ja immer ganz anders vor.»

Der Kameramann schleicht und zoomt sich ans Buch heran. Auch mein Interesse an meinem Buch ist jetzt geweckt. Versuche zu erkennen, was ich denn da so Bemerkenswertes geschrieben habe. Aber der Kameramann verdeckt bereits das Cover. Sein Kollege gibt ihm ein Zeichen, stellt sich in Position und beginnt direkt: «Hallo, wir sind hier nach wie vor auf der Frankfurter Buchmesse und haben jetzt Christoph Jüptner, den Autor von …» Er hält mir das Mikrophon hin.

«Oohh, ähh, ich ähh …» Versuche, hinter seiner Schulter den Buchtitel zu erkennen. Aber das verdammte Regal ist einfach zu weit weg.

Er zuckt nochmal auffordernd mit dem Mikro: «Der Titel Ihres Buches lautet …»

«Ähem, ääh, ja, ääh, der Titel, ääh, der Titel ist ungefähr ‹Anglersprache. Aal bis Zander›?»

«Was?»

Er gibt endlich den Blick frei, ich gehe einen Schritt vor. «Ach so, nee, Moment, ah ja: ‹Anlagesparen, aber richtig!› Genau, stimmt, so heißt ja mein Buch, verwechsle ich immer.»

«Sie verwechseln Ihr Buch mit einem übers Angeln?»

«Ja, äh. Ja-ha. Weil ich ja auch ein Buch über das Angeln geschrieben habe. Das ist erschienen in der Reihe dieser sinnlosen Wörterbücher, die jetzt so viel gekauft werden. Deutsch – Angler, Angler – Deutsch. Verkauft sich aber nicht so gut, weil es nur auf einem Witz basiert, nämlich dem, dass Angler ja nicht sprechen, deshalb steht da immer nur der deutsche Satz und beim Angler dann halt nichts, weil der Angler ja nicht spricht. Haha. Klingt natürlich lustig, aber der Witz verbraucht sich wohl doch nach fünf, sechs Seiten.»

101

«Gut, worum geht es denn in Ihrem neuen Buch?»

«Na ja, es geht ums Anlagesparen und wie man das eben richtig macht, dieser ganze Bereich da so.»

«Ach, und was haben Sie da für Tipps?»

«Ja, meine Tipps … Na, das Übliche eben, wissen Sie, diese üblichen Tipps. Geduld haben, nicht mit der Herde laufen, schlauer sein als andere und schneller sein natürlich, nur das Geld sparen, das man auch hat, diese ganzen Tipps eben, wissen Sie ja selbst.»

Der eine nickt heftig, fast freudig erregt: «Haben Sie vielleicht auch ein konkretes Beispiel? Also etwas, was man noch heute oder noch diese Woche machen kann?»

«Noch heute? Konkret? Natürlich … ein konkreter Tipp …»

Ich trippel von einem Fuß auf den anderen, verdammt, ich brauche jetzt endlich einen Befreiungsschlag. «Konkret, puuh, also ganz konkret würde ich raten: Kaufen Sie auf keinen Fall dieses Buch!»

«Was?»

«Nicht kaufen!!! Meine Bücher sind sinnlos, doof und überflüssig. Deshalb bin ich hier auf dieser Messe, um mich endlich mal für meine doofen Bücher zu entschuldigen.»

Jetzt strahlt der Interviewer richtig. «Na, das ist ja mal was. Danke, Herr Jüptner. Und Ihr zweites Buch?» Er zeigt ins Regal auf den Titel «Anlegen wie ein Hedgefonds. Investieren wie die Profis».

«Auha, ja, das ist natürlich noch doofer. Aber hallo! Bitte beschimpfen Sie meine Bücher, wo immer Sie sie sehen. Es tut mir alles so, so leid, was ich da geschrieben habe.»

Die beiden Internet-TV-Blogger wippen vor Freude. «Danke, Herr Jüptner, das wird ein toller Beitrag.»

Sie eilen davon, wahrscheinlich in die nächste WLAN-Zone. Ich gehe zufrieden zur Toilette. Vielleicht ist das meine Aufgabe hier. Mehr als zweiundneunzigtausend deutschsprachige Neuerscheinungen gibt es in diesem Jahr. Höchste Zeit, dass da mal einer kommt und sich für rund achtzigtausend dieser Bücher entschuldigt. Da habe ich jetzt allerdings so richtig was zu tun. Die nächsten anderthalb Stunden verbringe ich damit, mich vor ausgewählt sinnlosen Büchern zu postieren, als deren Autor auszugeben und mich dann von irgendwelchen marodierenden Journalisten oder journalistenverwandten Banden für diese Bücher zu entschuldigen.

Mit relativem Erfolg. Zwar habe ich absolut niemanden gefunden, der bereit war zu glauben, ich sei Bushido, aber vor Friedrich Merz' Buch «Mehr Kapitalismus wagen» konnte ich immerhin zwei Schülerzeitungsredakteure aus Frankfurt-Sachsenhausen davon überzeugen, dass ich im Auftrag von Friedrich Merz und mehreren großen Firmen dieses Buch für ihn geschrieben hätte.

Ein Mensch von einem Lokalradio in Wuppertal war zwar sehr überrascht, als ich ihm mitteilte, ich sei Nora Roberts. Die hatte er sich viel zierlicher und wohl auch weiblicher vorgestellt. Aber als ich äußerst tränenreich jeden einzelnen Baum, der für meine Bücher hat sterben müssen, um Verzeihung bat, hat ihn das doch überzeugt.

Am Ende hatte ich mich für siebzehn Bücher entschuldigen können. Nur bei Henryk M. Broders «Kritik der reinen Toleranz» kam ich zu spät, dafür hatten sich schon drei andere entschuldigt. Trotzdem, ein Anfang ist gemacht. Im Frühjahr, auf der Buchmesse in Leipzig, geht es dann weiter. Ich fürchte, ich werde noch Jahrzehnte zu tun haben.

Gutenberg 2.0

Jetzt ist es also doch gelungen. Die ungeheuerliche und umfassende Revolution in der Welt des Buches. Das E-Book ist wirklich da, und es funktioniert tadellos.

Ein elektronisches Buch, also ein Bildschirm mit Speicher in Buchform, der wenigstens dreihundert Bücher speichern kann. Eine großartige, überfällige Erfindung, auf die so viele gewartet haben. So viele. Wie oft haben wir im Stadtbild die armen Menschen bedauert, die sich ständig mit dreihundert Büchern abschleppen mussten, weil sie sich einfach nicht entscheiden konnten, welches Buch sie denn jetzt zuerst lesen sollen. Damit ist nun endlich Schluss. Endlich können sie immer und überall dreihundert Bücher bei sich haben. Nie mehr muss man Angst haben, es könnte einem plötzlich der Lesestoff ausgehen, weil man versehentlich mehr als drei Bücher an einem Nachmittag gelesen hat.

Erneut ist eines der großen, klassischen Probleme unseres Alltags gelöst. Wobei ich befürchte, wenn es in unserem Alltag ein Problem mit dem Buch an sich gibt, dann ist das noch ein wenig anders gelagert. Die erste Frage eines Besuchers bei der großen und spektakulären Präsentation des ersten E-Books auf der Frankfurter Buchmesse 2008 gibt hier mehr Aufschluss. Die erste Frage zum E-Book war: «Kann man damit denn auch DVDs gucken?»

Was, wie ich vermute, die Erfinder des E-Books und ähnlicher Geräte häufig unterschätzen, sind die beiden wesentlichen Zusatzfunktionen des Buches. Da ist einmal das Buch als Geschenk. Ein Datensatz verschenkt sich nicht sehr schön, er macht längst nicht so viel her, und man kann auch nur ganz schlecht eine Widmung reinschreiben, also zumindest nicht handschriftlich. Dazu kommt zweitens die große

Bedeutung des Buches als Statussymbol. Natürlich ist das, was im Buch drinsteht, wichtig, die Geschichte, der Aufbau, die Sprache, das ist alles sehr wichtig bei einem Buch, keine Frage, aber auch der reine Gegenstand des Buches, die Trophäe sozusagen, hat einen großen Wert. Die überbordenden heimischen Bücherregale, der eigene stolze, sentimentale Archivarblick darauf, die staunende Anerkennung von Besuchern, die in der schönen Frage «Haste die alle gelesen?» mündet – all das kann ein unscheinbar wirkendes E-Book, welches in der Schublade liegt, niemals bieten.

Außerdem hat ein richtiges, ein analoges Buch in der Hand immer auch eine Signalwirkung, trifft immer eine Aussage über seinen Leser: «Seht her, ich bin jemand, der liest, ein kluger Kopf, ich kann lesen, ich lese, ich lese, seht alle her, ich lese, hoho!»

Wie nebenbei findet auch ein nicht zu unterschätzender Imagetransfer vom Titel oder Autor des Buches auf den Leser statt. Wenn man zum Beispiel in ein Café geht und es sitzt eine junge, hübsche Frau am Nachbartisch, dann denkt man doch: «Ach, guck mal, da sitzt eine junge, hübsche Frau. Warum denn auch nicht, mir ist es recht.» Wenn die jetzt aber ein Buch in der Hand hat, sagen wir mal von Marcel Proust «Auf der Suche nach der verlorenen Zeit», dann wird aus der jungen, hübschen Frau sofort eine junge, intelligente, hübsche Frau. Dabei kommt es selbstverständlich sehr auf das jeweilige Buch an. Das richtige Buch in der Hand kann einen Menschen komplett verändern, mehr als es jedes Kleidungsstück oder jede Frisur jemals könnte. Wer zum Beispiel schon einmal einen Hells-Angel-Rocker mit Fontanes «Effi Briest» gesehen hat, der wird das sofort verstehen.

Oder nehmen wir ein anderes Beispiel. Würde jetzt hier in

105

Berlin irgendwo die Angelina Jolie einfach nur so sitzen – das kommt ja in Berlin in bestimmten Ecken durchaus häufig vor, dass da die Angelina Jolie einfach nur so sitzt –, dann würde man vermutlich denken: «Ach, guck mal da, die Angelina Jolie, die sitzt auch nur wieder so da, die hat ja wohl den Tag über viel Langeweile.» Hätte sie jetzt aber zum Beispiel Musils «Mann ohne Eigenschaften» in der Hand, würde man natürlich sofort denken: «Jetzt guck mal an, die Angelina Jolie. Boah, du, die kann ja sogar Deutsch.»

Wie wichtig das richtige Buch in der Hand ist, weiß ich schon länger, jedenfalls seitdem ich mir einen Tolstoi-«Krieg und Frieden»-Schutzumschlag besorgt habe, um darin die Harry-Potter-Bände zu lesen.

Allerdings verliert man auch wieder viel vom Imagegewinn, wenn man den Schutzumschlag dann verkehrt herum um das andere Buch legt. Also eigentlich verliert man sogar alles.

Da wäre ein E-Book dann vielleicht doch besser, da gibt es kein Oben oder Unten, und wenn man es dreht, dreht sich sogar der Text mit. Wer also beim Lesen oft sein Buch hin und her und auf den Kopf dreht, für den wäre natürlich ein E-Book ein richtig großer Gewinn.

Was Günter Grass von mir denkt

Vor zwei Jahren war ich auf der Frankfurter Buchmesse zur «Langen Nacht des Lesens» eingeladen. Eine der wichtigsten Messeveranstaltungen, wo sehr große, sehr berühmte Autoren eine ganze Nacht lang nacheinander interviewt werden, eigentlich eine Radiosendung, aber im Sendesaal, vor vielen hundert Menschen, also schon richtig großer Zirkus. Wobei, «die ganze Nacht» war mehr die Ankündigung aus der Pressemitteilung. Die Veranstaltung ging von 19 bis 23 Uhr, also was der Frankfurter eben so die ganze Nacht nennt.

Leider gehörte ich nicht im engeren Sinne zu den sehr großen, sehr berühmten Autoren, sondern sollte nur den Abend mit kurzen, lustigen Geschichten zwischen den Interviews auflockern. Eine Tätigkeit, die die Freundin, als ich ihr von dem Engagement erzählte, schlicht mit einem «also quasi Pausenclown» kommentierte.

Ich erklärte ihr in einem freundlichen, angemessenen, nicht zu sehr belehrenden Ton, dass die edle Aufgabe des Auflockerers weit, aber meilenweit von der eines Pausenclowns entfernt sei. Einen Abend aufzulockern gehört zu den anspruchsvollsten Aufgaben, mit denen man überhaupt betraut werden kann. Wenn es jemand für notwendig erachtet, einen anderen zu verpflichten, damit dieser einen Abend auflockert, und dafür auch bereit ist, eine durchaus erwähnenswert würdevolle Gage zu zahlen, dann kann man sich in etwa vorstellen, wie locker der Abend vermutlich ohne Auflockerer verlaufen dürfte. Die Auflockerer sind so etwas wie die Meißel oder auch die Presslufthämmer des Literaturbetriebs. Wobei ein guter Auflockerer natürlich sofort spürt, ob eher ein Miniaturmeißel oder ein Presslufthammer benötigt wird. Dennoch bleibt der reine Vorgang des

Auflockerns hochkompliziert. Vielleicht kann man die Rolle des Auflockerers am ehesten mit der der zwei Salatblätter vergleichen, die man neben das Eisbein auf den Teller legt, damit das Eisbein nicht ganz so fett wirkt. Und wer jetzt schon einmal als Salatblatt versucht hat, ein fettes Eisbein etwas gesünder wirken zu lassen, der ahnt, wie diffizil und ehrenwert die unscheinbare Aufgabe des Auflockerers sich in der Praxis darstellt.

Die Freundin nickt und dankt mir für meine treffliche Ausführung mit einem zusammenfassenden «Sag ich doch: quasi Pausenclown».

Aber das Auflockern war gar nicht mein Erlebnis bei dieser Veranstaltung. Mein Erlebnis war, wie ich Günter Grass einen Kaffee gebracht und ihm meinen Stuhl überlassen habe. Was jetzt eigentlich auch kein so großartiges Erlebnis ist, vor allem, weil ja praktisch überhaupt nichts weiter geschehen ist, als dass ich eben Günter Grass einen Kaffee gebracht und ihm meinen Stuhl überlassen habe. Wobei, genau genommen bin ich im Aufenthaltsraum neben der Bühne ja nur aufgestanden, um mir einen Kaffee zu holen. Währenddessen jedoch kamen Günter Grass und sein Stab herein. Insgesamt circa zehn Leute. Doch ausgerechnet Günter Grass setzte sich just auf meinen Stuhl. Als ich zurückkomme – ganz im Tran, überlegend, welchen Text ich denn jetzt in meiner Eigenschaft als Auflockerer vor Günter Grass lesen würde –, bemerke ich Günter Grass erst, als ich schon fast auf ihm draufsitze. Ich denke noch: «Boah, ey, mein Stuhl sieht aus wie Günter Grass», aber dann begreife ich, dass mein Stuhl der echte Günter Grass ist. Allerdings bin ich mit meiner Tasse schon viel zu nah, um noch unauffällig zu einem anderen Stuhl gehen zu können. Er hat mich bereits bemerkt, ich muss etwas sagen, also rufe ich geistesgegenwärtig:

«Ey, Mann, Herr Grass, Literaturnobelpreis hin oder her, das hier ist mein Stuhl, geh gefälligst woanders sitzen!»
Nein, Quatsch, das habe ich natürlich nicht gerufen. Ich würde niemals so etwas tun, im Gegenteil. Um Herrn Grass nicht zu kompromittieren, sagte ich vielmehr wörtlich:
«Guten Tag, Herr Grass, möchten Sie einen Kaffee?»
Was Günter Grass erfreut annahm, womit ich ihm nach dem Stuhl auch noch meinen Kaffee überließ, woraufhin Günter Grass gleich für seinen Stab noch acht weitere Kaffees bei mir orderte, weshalb ich für die zwölf Minuten, die Günter Grass in diesem Aufenthaltsraum blieb, die Rolle des Kellners beibehielt. Eben, um Günter Grass nicht in Verlegenheit zu bringen oder, noch schlimmer, ihn gar unnötig zu verwirren. Gesprochen habe ich mit Günter Grass nichts weiter, obwohl man sich, so glaube ich, mit ihm ganz gut über Fußball unterhalten kann, aber ich war ja voll und ganz mit Kellnern beschäftigt.
Günter Grass jedoch, der wohl noch die letzten Sätze meines Auflockerungstextes vor seinem Interview mitbekommen hatte, ließ mir dann später über eine seiner Mitarbeiterinnen ausrichten, er, Günter Grass, sei froh, dass ich auch schreibe, denn als Kellner sei ich ja nun wahrlich nicht besonders gut.
Die Frage, ob ich den Satz «Besser er schreibt, als dass er kellnert!» von ihm über mich als Zitat verwenden dürfe, habe ich mich dann allerdings nie zu stellen getraut.

Wir feiern den Tag der Deutschen Einheit

Freitagnachmittag. Ich war mit der Tochter und noch drei anderen Kindern im Kino. Es lief «WALL-E», dieser Animationsfilm über einen Roboter, der auf der völlig zugemüllten Erde vergessen wird und dann deshalb Hunderte von Jahren nichts anderes macht, als ganz allein diese Erde aufzuräumen. Ein super Film, haben alle Kritiker geschrieben. Ein Riesending, auch künstlerisch, hatte ich gelesen. Da war ich natürlich froh, da konnte ich den Kindern schön Kultur bieten, trotzdem war es lustig, bequem, überdacht, und so viel rumlaufen wie im Museum oder im Zoo musste man auch nicht. Aber eben pädagogisch wertvoll. Das sagten alle anderen Eltern und sogar die Kinder, als sie sich während des Abspanns wieder aus den Kinosesseln erhoben. Diese Roboter sind ja so niedlich, so menschlich. Was gibt es Menschlicheres als Roboter? Und dazu dann noch eine tolle konsumkritische, sehr nachdenkliche Botschaft: Die Menschen haben die Erde zerstört, weil sie sie völlig vermüllt haben. Müll, Müll, Müll, Müll, Müll, nix als Müll. Nichts wächst mehr auf der Erde der Zukunft, keine Pflanze, kein nichts, nur Müll, weil die Menschen sich vollkommen dem totalen, überbordenden, gedanken- und sinnlosen Konsum hingegeben haben. Schön, mal vorgeführt zu bekommen, wo so was endet. Endlich mal ein Film mit einer wirklich wertvollen Botschaft. Ein Film, der über den Tellerrand rausguckt. Da sind sich beim Rausgehen absolut alle einig.

Als nach dem Abspann schließlich das Licht wieder angeht, fällt unser Blick auf die von Pappbechern, Popcornresten, Plastiktütchen und sonstigem Müll übersäten Sitzreihen. Im Foyer ist anlässlich der «WALL-E-Premierenwoche» eine Art Merchandising-Pyramide aufgebaut. Hier gibt es manch nützlich Ding: WALL-E-Puppen, WALL-E-Mini-roboter, WALL-E-Tassen, WALL-E-Bücher, WALL-E-Pla-kate, WALL-E-Taschen, WALL-E-Feuerzeuge, WALL-E-Zauberwürfel, WALL-E-T-Shirts, WALL-E-Selbstbausätze und noch einiges mehr. Ganz besonders gefällt mir so ein WALL-E-Blinkdings aus weißem Plastik, welches ständig «rrrhh-rrrhh» und «öh-öh-öh-öh-öh» macht und bei dem natürlich niemand genau weiß, wozu es eigentlich gut ist, außer dass es eben blinkt und «rrrhh-rrrhh» und «öh-öh-öh-öh-öh» macht. Aber letztlich besteht ja auch gerade darin sein spezieller Reiz. Ich lächle. So viel Spaß kann es machen, die Welt vor sinnlosem Konsum zu retten. Zumindest wenn Disney/Pixar die Sache in die Hand nehmen.

Ein circa sechsjähriger Junge hat sich an den Stand geklam-mert und will irgendwas haben. Die Mutter macht ihn darauf aufmerksam, dass er eigentlich schon ausreichend Spielsa-chen zu Hause hat und sie persönlich jetzt keine zwingende Notwendigkeit sieht, seinen wohldurchdacht zusammen-gestellten Fundus an Spiel- und Lehrmaterialien durch wei-tere partielle Ergänzungen aufzustocken. Um Zeit zu sparen, drückt sie diesen Sachverhalt allerdings etwas prägnanter aus, tatsächlich brüllt sie: «Du hast genug Schciß zu Haus! Mach erst mal den Mist, den du schon hast, kaputt!!!»

Ich mag das Karli-Kino in den Neukölln-Arkaden, wo wir den Film gesehen haben. Mir war es natürlich auch wichtig, dass die Kinder den Tag der Deutschen Einheit nicht ir-gendwo verbringen, sondern gerade an diesem besonderen Tag etwas Ursprüngliches über Menschen, Arbeit und Kul-tur in diesem Land erfahren. Deshalb haben wir zuerst den Dealern in der Hasenheide bei ihrer Arbeit zugesehen und dann in den Neukölln-Arkaden einen konsumkritischen

Film geguckt. Ich denke, besser kann man das als Elternteil wohl nicht machen.

Frage den Mann an der Merchandising-Pyramide, wozu dieses Blinkdings aus weißem Plastik, das ständig «rrrhh-rrrhh» und «öh-öh-öh-öh-öh» macht, eigentlich nütze ist.

– Das Blinkdings aus Plastik, das «rrrhh-rrrhh» und «öh-öh-öh-öh-öh» macht?

– Ja, «rrrhh-rrrhh» und «öh-öh-öh-öh-öh». Was kann das sonst noch?

– Na ja, manchmal macht es auch «wawawawawawahhh-wawawawawawahhh», aber niemand weiß genau, wann und warum.

– Und das ist dann alles?

– Na ja, immerhin blinkt es, macht «rrrhh-rrrhh» und «öh-öh-öh-öh-öh», manchmal sogar «wawawawawawahhh-wawawawawawahhh», und das alles eigentlich ziemlich konsequent.

– Und das bringt dann auf lange Sicht allen Freude?

– Na ja, die einen sagen so, die anderen so. Aber in jedem Falle trainiert es Nervenstärke. Und irgendwann, also genau genommen sogar ziemlich bald, geht dieses Ding dann ja auch kaputt, und das ist dann super.

Finde, das klingt nicht schlecht. Da hat man was, worauf man sich freuen kann. Frage die Kinder:

– Sagt mal, Kinder, soll ich euch nicht so ein Blinkdings aus Plastik kaufen, das immer blinkt und «rrrhh-rrrhh» und «öh-öh-öh-öh-öh» macht, manchmal aber auch «wawawa-wawawawahhh-wawawawawawahhh»?

Die achtjährigen Kinder schütteln angewidert altklug die Köpfe. Ach nein, sagen sie, so Zeug, das sei doch nur Geldverschwendung, sie hätten lieber unten vom Kiosk ein paar Schreib- und Rechenlernhefte.

Ich bin fassungslos. Wo haben sie das denn jetzt wieder her. Na toll. So weit ist es also schon gekommen, mit diesen ganzen Bildungsmaßnahmen nach Pisa. Wenn wir nicht aufpassen, ist es hier bald wie in Finnland. Dann gibt's hier keinen schönen, bunten Konsum mehr, dann ist alles schwarzweiß, so wie in den Kaurismäki-Filmen. Und alle sind traurig und wortkarg. Eigentlich ging das ja schon vor dem Kino los, als ich uns allen einen Riesen-Mega-Monster-Eimer Popcorn kaufen wollte und sie sagten: Nein, nein, sie hätten noch Apfel in ihrer Brotbox. Ich könne auch was davon abhaben. Super. Da haben wir halt alten Apfel gegessen. War toll.

Wenn wir nicht aufhören, unsere Kinder so unglaublich schlau und vernünftig zu erziehen, dann werden die uns bald schon das Leben zur Hölle machen. Sie werden uns quälen und mit Vorwürfen überhäufen. Tausend Fragen stellen: Wie konntet ihr nur die Erde so vermüllen? Warum habt ihr das Weltklima zerstört? Wieso habt ihr das mit der Atomenergie immer weiter gemacht? Wie konntet ihr in der Wirtschaft auf ein freies Spiel der Kräfte vertrauen? Wie kann man eigentlich so beschränkt sein, jede Krise, die durch eine stupide Wachstumsphilosophie entstanden ist, immer nur mit noch mehr Wachstum in den Griff kriegen zu wollen? Und so weiter und so fort. Vorwürfe, Vorwürfe, Vorwürfe.

Wahrscheinlich werden sie uns Alte die «Generation doof» nennen. Die Generation doof, die hier alles in' Arsch gemacht hat. Wenn die rauskriegen, was unsere Generation und vielleicht noch die zwei, drei Generationen davor alles verbockt haben, werden die uns auf kleiner Flamme grillen. Es hilft nichts, aber wenn wir im Alter unsere Ruhe haben wollen, müssen wir die Intelligenz der Kinder frühzeitig deckeln.

Ich mache ein sehr strenges Gesicht und sage: «Hört mal, Kinder! Konsum an sich ist nichts Böses. Lasst euch nicht von diesen konsumkritischen, existenzialistischen, radikalen amerikanischen Disney/Pixar-Kommunisten indoktrinieren. Ohne Konsum gäbe es zum Beispiel keinen Müll, und ohne Müll hätten die Müllmänner keine Arbeitsplätze und könnten keine Müllmännerkalender machen. Um nur mal ein Beispiel zu nennen. So, und als Strafe für eure konsumkritische Haltung gehen wir jetzt alle zusammen Eis essen. Jeder drei Kugeln. Mindestens! Sonst gibt's morgen kein Obst!» Kein Elternteil ist gerne streng, aber irgendwann müssen sie das ja mal lernen.

Wenn Mücken twittern könnten

Herr Riechmann, der neue Mieter aus dem zweiten Stock, twittert. Warum auch nicht? So ziemlich jeder twittert heute. Das ist ja auch sinnvoll. So dermaßen viel, wie heute jeden Tag erlebt wird, das muss ja auch irgendwo hin. Ein ganz schöner Batzen, der da jeden Tag so weggetwittert wird. Was haben die Menschen eigentlich früher mit ihren ganzen erlebten Sachen gemacht, bevor es Twittern und Blogs gab? Haben die das damals alles in sich reingefressen? Was da so alles sinnlos vor sich hin erlebt wurde. Ohne dass irgendjemand davon erfahren hätte. Jetzt haben wenigstens alle was von den täglichen Erlebnissen der Twitterer.

Das Leben kann so vielfältig sein. In England zum Beispiel gibt es jemanden, der twittert die Uhrzeit. Nur die Uhrzeit, nichts weiter, zu jeder vollen Stunde immer wieder die aktuelle Uhrzeit. Auch nachts. Dieser Mensch hat mehr als fünftausend Abonnenten beziehungsweise Follower, wie der Twitterer sagt. Das hat schon seinen Reiz, also die Uhrzeit zu verfolgen, weil sie ja auch zu jeder Stunde immer wieder anders ist.

Das alles ist natürlich überhaupt gar nicht schlimm. Schlimm ist: Der neue Mieter twittert ohne Internet. Also, er brüllt seine Kurzmitteilungen einfach so durchs Fenster in den Hof: «Boah, hab ich Hunger!!!» Oder: «Oh, nee, meine Druckerpatrone ist leer!!!» Oder auch: «Jetzt mach ich gerade mal überhaupt gar nichts!!!» Er macht sozusagen analoges Twittern, «classic twittern», mit Innenhof-Flatrate XXL.

Ab und an twittert er auch gesellschaftliche Forderungen wie: «Wir nehmen allen Berlinern ihre Hunde weg und geben ihnen dafür je vier Hühner. Dann lägen auf den Bürgersteigen Eier. Es wäre quasi das ganze Jahr über Ostern!»

Oder wissenschaftliche Erkenntnisse: «Wer jeden Tag eine Stunde laufen geht, verlängert zwar seine Lebenserwartung im Schnitt um circa zwei Jahre, verbraucht aber insgesamt vier Jahre seines Lebens fürs Laufen!» Was man eben so twittert. Das ist schon häufig durchaus interessant.

Manchmal jedoch klingelt er auch und sagt persönlich, was er gerade macht. Das tut er alles, weil er das Sorgerecht für seine Kinder möchte. Er glaubt, das Jugendamt könnte die Nachbarn befragen, wie er so ist, wie er lebt, was er für einen Charakter hat und so weiter. Deshalb setzt er alles daran, dass alle, aber auch wirklich alle Nachbarn wissen, was er so macht, und ihn nett finden. Manchmal, wenn er zum Bäcker oder zum Kiosk geht, nimmt er sogar Bestellungen auf und bringt einem die Sachen dann direkt vor die Wohnungstür. Also grundsätzlich gesehen, hat so ein Sorgerechtsstreit nicht nur Nachteile, zumindest nicht für die Nachbarn.

Insgesamt hat er offensichtlich drei Kinder mit drei verschiedenen Frauen, aber in keinem Fall das Sorgerecht. Das liegt natürlich auch an der Geschichte mit der Polizei und dieser lästigen Bewährungsstrafe.

Wobei, die eigentliche Schuld an seiner Misere tragen wohl letztlich der Klimawandel und natürlich die Deutsche Bahn AG, denn damit hat das ganze Elend ja angefangen, also mit dieser großen Achsenkrise der Deutschen Bahn AG damals. Weil seinerzeit so viele Züge ausgefallen sind, ist er ja dann mit seiner Kollegin auf dieser Geschäftsreise gestrandet. In Leipzig. Spätnachts sind sie dort von irgendeinem Ersatzzug angeschwemmt worden, und dann ging plötzlich gar nichts mehr. Weder nach Berlin noch sonst irgendwohin. Also Hotel. Aber die Hotels waren natürlich völlig ausgebucht, weil ja so viele Züge hängengeblieben sind. Es gab nur noch ein Doppelzimmer für beide. So, und das war ja dann praktisch schon auch ein ziemliches Abenteuer und mächtig aufregend. Also gab's zur Beruhigung Alkohol, viel, viel Alkohol. Dann waren die zwei zwar beruhigt, aber auch sorglos, also extrem sorglos, wodurch es dann zu noch mehr Abenteuerlust kam, also nochmal Alkohol und wieder noch mehr Abenteuerlust und noch und noch und noch … ja, und dann ist ja klar, wenn der Euro erst mal Richtung Gulli rollt, dann fällt er auch. Plötzlich geht das ramtadamtadam-tadam, und weil schlecht vorbereitet und sehr sorglos und völlig überstürzt, natürlich rums: schwanger! Guck. Na, herzlichen Glückwunsch, Herr Schützenkönig.

So, und jetzt muss man sich mal vorstellen: Diese ganze Geschichte hat der Nachbar praktisch wortwörtlich so, Stück für Stück, laut in den Innenhof getwittert. Also, so etwas verändert eine Hausgemeinschaft schon. Vor allem diese Formulierung, die er da benutzt hat: Sprich «ramtadamta-damtadam» für menschliche Nähe Maximum, Sexualität inklusive, das ist quasi zum geflügelten Wort geworden. Gerade auch bei den Kindern, ramtadamtadamtadam. Ich weiß gar nicht, ob das dem Nachbarn jetzt bei seinem Sorgerechtsstreit eher nützt oder schadet.

Die Ehefrau war natürlich sehr unzufrieden mit den, nennen wir es mal, Abschlüssen seiner Geschäftsreise. Sagt dem Nachbarn, er kann erst mal im Garten zelten. Das Haus hat aber keinen Garten, also Hotel. Der Nachbar jetzt natürlich verzweifelt, weil Ehe in größter Gefahr, weiß nicht, was er machen soll. Dann doch noch eine Idee, wieder Alkohol, Frau in Hotelbar getroffen, beide Alkohol, beide Kontrolle verloren, beide plötzlich sehr sorglos, wieder ramtadamta-damtadam. Das gleiche Spiel! Ein dreifach Hoch auf unseren Schützenkönig!

Jetzt hing der Haussegen natürlich endgültig schief. Also

117

schiefhängen ist schon eine starke Untertreibung. Darum hat die Frau ja dann auch alle seine Sachen ins fünfte Zimmer geschafft, wobei fünftes Zimmer – die Wohnung hat ja nur vier Zimmer. Deshalb war das fünfte Zimmer auch nur über das Wohnzimmerfenster zu erreichen, mit einem Höhenunterschied von drei Stockwerken. Es war zwar sehr groß, aber windig, extrem windig, weshalb er sich ja auch die kleine Wohnung bei uns im Hinterhaus genommen hat.

Dann stellte sich schließlich noch raus, die Kollegin, mit der er ramtadamtadamtadam in Leipzig hatte, ist die Geliebte vom Chef gewesen, nun also auch auf Arbeit quasi: Ende der Dienstreise.

Gut, so weit die Vorgeschichte. Und jetzt passierte dem Herrn Riechmann aber das Schlimme: Der Familienurlaub im Allgäu war ja schon gebucht. Das Verhältnis zur Familie allerdings nun deutlich abgekühlt. Also ist mein Nachbar allein gefahren, ins Allgäu, um mal Abstand zu gewinnen. Eigentlich ein guter Gedanke, aber dann hatte mein Nachbar schon wieder Pech. Diesmal mit dem Klimawandel. Denn unter anderem wohl wegen des Klimawandels war ja im Allgäu diese furchtbare Bremsen- und Mückenplage. Gleich in der ersten Nacht hatte er fünfzehn oder zwanzig Mücken in seinem Appartement. Minimum, also eher mehr, jedoch minimum sicher zwanzig Mücken. Und die waren schnell, so schnell, das glaubste nicht, die haste nicht gekriegt. Niemals. Der Nachbar war schon kurz vorm Wahnsinnigwerden. Aber, aufgepasst, mein Nachbar ist auch ein sehr, sehr schlauer Mann. Das wussten die Mücken natürlich nicht. Das wusste bis zu diesem Punkt der Geschichte ja nicht einmal ich. Rückblickend kann man sagen, da haben sich die Mücken aber mal den Falschen zum Piesacken ausgesucht. Herr Riechmann entwickelte nämlich blitzschnell einen ziemlich brillanten Plan: Alkohol!

Er muss die Mücken nur betrunken machen. Dann werden sie langsamer und unvorsichtiger, und zack!, hat er sie. Aber das geht natürlich nur indirekt: Er muss den Alkoholgehalt seines Blutes erhöhen, dann stechen ihn die Mücken, und zack!, haben sie einen sitzen. Er fungiert quasi als trojanisches Pferd für den Alkohol. Ein genialer Plan. Er hat direkt eine Flasche Wein getrunken. Was er dabei nicht bedachte: durch den Wein wird er ja auch selbst langsamer. Hat deshalb die Mücken immer noch nicht erwischt. Quasi Gleichgewicht des Schreckens. Hat also noch mehr getrunken, um die Mücken noch betrunkener zu machen, ist aber selbst auch betrunkener geworden. Sozusagen Nato-Doppelbeschluss zwischen ihm und den Mücken. Wettrüsten hoch drei. Schließlich hatte mein Nachbar eine rettende Idee: Er brauchte nur jemand Nüchternes, damit der die völlig betrunkenen, langsamen Mücken erschlägt. Also bei den beiden jungen Frauen im Nachbarapartement geklopft. Jetzt war es da aber schon drei Uhr nachts durch gewesen. Deshalb musste er total lange klopfen. Nachdem er die Frauen dann endlich aus dem Schlaf getrommelt und sie gebeten hatte, in sein Appartement zu kommen, um dort völlig betrunkene Mücken zu erschlagen, haben die aber überhaupt gar nicht versucht, auch mal seine Position zu verstehen, sondern direkt: Polizei. Die kam schnell, aber hörte gar nicht richtig zu, stattdessen Missverständnis, Widerstand, Beleidigung, bisschen hin und her schubsen, noch viel mehr Beleidigung. Am Ende haben sich sogar die Polizisten geweigert, die völlig betrunkenen Mücken zu erschlagen, sondern nahmen meinen Nachbarn mit auf die Wache, woran man wieder einmal sieht: Ein Plan kann noch so genial sein, wenn die Situation gegen dich läuft, dann hast du keine Chance.

Aber das Aller-, Allerschlimmste: In der Ausnüchterungszelle waren natürlich auch wieder fünfzehn bis zwanzig Mücken, wenn nicht noch mehr, und die waren natürlich völlig nüchtern und ausgeruht und hungrig, und die haben hingelangt, aber frag nicht, also aus Sicht der Mücken kann man sagen: die reinste Bartholomäusnacht. Und so sah er dann auch aus. Ein Streuselkuchen ist ein Kinderpopo dagegen.

Wobei, von wegen Bartholomäusnacht. Ich will den Mücken keine religiösen Motive unterstellen. Ich weiß ja noch nicht mal, ob die überhaupt katholisch waren. Obwohl, Allgäu und so, wahrscheinlich waren die schon katholisch. Aber ob die meinen Nachbarn wirklich zeichnen wollten, wegen seiner Sünden, quasi Ganzkörperfresko oder so was, das weiß ich jetzt auch nicht. Man kann und sollte der Religion nicht immer die Schuld geben, zumal in diesem Fall die eigentlichen Ursachen ja, wie erwähnt, beim Klimawandel und der Deutschen Bahn AG zu suchen sind. Als der Herr Riechmann dann zurückgekommen ist und noch ein paar Sachen aus der Familienwohnung holen wollte, hat die Frau ihn, so zerstochen und mitgenommen, wie er war, natürlich im ersten Moment gar nicht richtig erkannt und wohl für einen Einbrecher oder so was gehalten. Wobei später, als sie richtig hingeguckt hat, hat sie ihn natürlich schon erkannt, aber da war er bereits bewusstlos, und der Krankenwagen musste kommen, und diese riesige Platzwunde auf der Stirn und der Kopfverband machen seine Gesamterscheinung im Moment auch nicht gerade einladender. Aber er ist wohl nicht unzufrieden mit der Kopfverletzung, denn er sagt, jetzt habe seine Frau auch wenigstens so ein bisschen ein schlechtes Gewissen, und vielleicht kommen sie sich ja darüber auch irgendwann wieder näher. Also über ihr schlechtes Gewissen.

Der Nachbar brüllt: «So, jetzt hab ich gefrühstückt. War teilweise lecker. Jetzt mache ich mir einen frischen Kaffee, wenn jemand einen möchte. Vorher rufe ich aber meine Frau an und frage, ob sie mir immer noch böse ist. So, wie ich sie jeden Tag anrufe und jeden Abend und frage, bis sie mal antwortet.»

Ich habe ja trotz allem das Gefühl, er wird sie noch sehr, sehr oft anrufen müssen, bis sie ihm antwortet. Aber sollte sie es doch irgendwann tun, dann werden wir garantiert die Ersten sein, die davon erfahren.

Was viele denken

Vor ein paar Nächten habe ich geträumt, ein Sack Reis wäre auf Thilo Sarrazin gefallen. Die Freundin meinte am nächsten Tag, ich hätte im Schlaf gelacht.

Daran muss ich denken, als sich am frühen Sonntagmorgen im Regionalzug von Kiel nach Hamburg zwei Ehepaare über das Buch von Sarrazin unterhalten. «Sarrazin hat völlig recht», verkündet einer der Männer, die wohl in einer Kleinstadt bei Kiel leben. Er wisse das aus erster Hand, er sei ja hin und wieder beruflich in Berlin, und da habe er auch schon beobachten können, dass dort alle Deutschen längst ständig große Angst haben, aus dem Haus zu gehen. Also zumindest in den entsprechenden Bezirken.

Es ist eigentlich schon etwas ruhiger geworden um Herrn Sarrazin. Aber sicher nicht für lange. Früher hat man Harald Juhnke betrunken gemacht, wenn man in Berlin eine Schlagzeile brauchte, heute hält man Thilo Sarrazin ein Mikrophon hin.

Bald wird man ihm sicher wieder die Gelegenheit geben, Schwächere mit einem Scherz zu demütigen. Immerhin verdankt ihm die Soziologie nun den neuen Begriff des Sarrazin-Deutschlands; was früher als dumpfe Masse mühsam umschrieben werden musste, kann jetzt mit dieser Bezeichnung schnell und einfach benannt werden. Das spart Zeit.

«Wir dürfen uns unser Land nicht wegnehmen lassen, auch nicht einzelne Stadtteile!», ruft der andere Mann. «Wir brauchen einen Aufstand der Mutigen. Mutige wie Thilo Sarrazin. Dieser Mann spricht aus, was viele denken!» Sein Blick wandert durch den Waggon, als wolle er schauen, ob nicht jemand klatschen will. Denke, das ist der Nachteil, wenn einem ein Erste-Klasse-Ticket gezahlt wird. Die Zahl der mutigen Rebellen ist hier einfach deutlich höher.

Im Hamburger Hauptbahnhof habe ich eine halbe Stunde Aufenthalt. Beschließe, ein wenig frische Luft zu schnappen. Fast direkt vor dem Haupteingang entdecke ich dabei einen sehr, sehr, sehr betrunkenen Mann. Aber er ist nicht einfach normal, sondern schon irgendwie anrührend betrunken. Geradezu herzerwärmend. Ein Zustand der Trunkenheit, dem man genau ansehen kann: Das ist ihm nicht in den Schoß gefallen. Daran hat er lange, richtig lange in äußerst mühevoller Kleinarbeit gefeilt. Vermutlich war er die ganze Nacht beschäftigt, bis er endlich diese Qualität der Trunkenheit erreicht hat. Das war sicher anstrengend, weshalb sich in seinem Gesicht auch eine gewisse Erschöpfung und Verzweiflung spiegelt. Verzweiflung, die klar erkennen lässt: Schon der Tag vor der Nacht kann für ihn nicht gut verlaufen sein. Das hat offensichtlich mit dem Anziehen angefangen, wie man an der Hose mehr als deutlich erkennen kann. Schon das Anziehen hatte nicht gut geklappt und war bis jetzt auch noch nicht richtig abgeschlossen. Wer kennt nicht solche Tage?

Da stand also dieser völlig betrunkene Mann mit offener Hose und großen, traurigen Augen im Bahnhof und schrie verzweifelt: «Ich will doch nur ficken, fressen und saufen!!!» Und ich dachte: Ja, dieser Mann spricht aus, was viele denken. Und sollte er deshalb jetzt Bücher schreiben? Oder seine Thesen in Talkshows vertreten und darüber diskutieren? Mit Herrn Baring und Erika Steinbach? Wobei noch erschwerend dazukommt, dass sein Themenbereich mich eigentlich viel mehr interessieren würde als Sarrazins Eitelkeiten. Diese Problematik ist mir viel näher, hat viel mehr mit meiner Lebenswirklichkeit zu tun. Da hätte auch ich

Freude an längeren Diskussionen, wir könnten Meinungen und Erfahrungen austauschen. Sogar ein Buch von diesem Mann im Hamburger Bahnhof würde mich vermutlich mehr ansprechen. Allein schon von seinem statistischen Material her. Doch bis es so weit kommt, müssen wohl noch sehr viele Säcke Reis den Rhein runterfließen.

Der große BVG-Streik

Ich hätte nicht gedacht, dass keiner schimpft. Also dass die BVG streikt, tagelang, und keiner schimpft.

Vor dem U-Bahnhof Möckernbrücke gibt es keinerlei Warte-Infrastruktur. Keine Bank, keine Werbung zum Angucken und auch keinerlei Schutz zum Unterstellen. Vor Regen oder Hagel. Es ist kalt, es ist total windig, es ist sehr, sehr ungemütlich. Man kann hier nix machen als einfach nur stehen. Und trotzdem schimpft keiner.

Eine mittelgroße Gruppe von Berlinern und Berlinerinnen, die nichts anderes machen kann als nur stehen und warten, und trotzdem schimpft keiner. Wie kann so etwas sein?

Kneife eine der Frauen, um mal zu gucken, ob sie überhaupt echt sind. In den Oberarm.

Sie guckt mich verblüfft an, fragt dann, was das soll.

Sage, ich wollte nur mal gucken, ob sie echt ist.

Sie fragt mich, ob sie mir mein Gehirn wegen Klimaschutz vom Netz genommen haben.

Ich versuche zu erklären: Das sei doch komisch, keiner schimpfe, so, als ob alle nicht echt wären.

Sie bietet mir an, meine Nase mit meinem linken Ohr zu putzen, so lange, bis ich das Gefühl habe, sie wäre echt.

Überlege kurz, finde die Vorstellung eigentlich interessant. Lehne dann aber doch ab.

Der Mann neben der Frau fragt, was los sei. Die Frau sagt: Der Gehirnamputierte, damit meint sie wohl mich, habe ihr in den Arm gekniffen.

Der Mann sagt: «Ja, und?» Die Frau bietet ihm an, ihm mit seinem linken Ohr die Nase zu putzen.

Ein Mann mit Mütze sagt: «In Singapur würde man wegen

125

so was zu zweihundert Stockhieben und fünf Monaten Gefängnis verurteilt.»

Eine rauchende Frau erwidert: «Die Stockhiebe gibt es in Singapur auch schon, wenn man auf dem Bürgersteig hustet.»

Der Mützenmann lobt: «Ja, Singapur, die haben ihre Leute im Griff.»

Die gekniffene Frau behauptet: «In Singapur, da würde sich die BVG so einen Streik nicht trauen.»

Die Raucherin grinst: «Ja, in Singapur, da ist die BVG überhaupt nur ein ganz kleines Licht.»

Ein Mann mit Brille behauptet: «In Japan gibt es dreiundsiebzig verschiedene Worte für Arbeit, aber kein einziges für Streik.» Die neben ihm stehende, wohl zu ihm gehörende Frau zeigt auf ihn und ergänzt: «Und so einen Scheiß redet der den ganzen Tag. Können Sie sich das vorstellen? Den ganzen Tag, in einer Tour redet der so einen Mist. Das wird nicht mal besser, wenn er besoffen ist.» Der Mann lacht als Einziger, dann geben sich die beiden einen Kuss.

Jemand überlegt: «Japan, Japan, ist da nicht neulich dem Elmar Wepper seine Frau gestorben? An einer Kirschblütenallergie oder so?»

«Der Zumwinkel», murmelt ein Mann mit Bart, «der muss nicht auf den Ersatzbus warten, der wird gefahren, zur Not auch von der Polizei.»

«Ach, der Zumwinkel», ruft die Gekniffene, «der war doch nur ein kleiner Fisch, ein ganz kleiner Fisch war das, aber hallo! Wissen Sie, woran man das merkt, dass das ein ganz kleiner Fisch gewesen sein muss? Weil sie ihn erwischt haben, daran erkennt man, was für ein kleiner Fisch das war!»

Ein Mann mit Schal wirft ein, er finde den Streik richtig.

Man müsse denen auch mal zeigen, dass man nicht alles mit sich machen lasse.

Eine Frau mit Rollkoffer stöhnt, das sei dann wohl Dialektik.

Um denen zu zeigen, dass man nicht alles mit sich machen lasse, müssten wir alles mit uns machen lassen.

«In Singapur …», brüllt der Mützenmann.

«In Singapur», unterbricht ihn die Raucherin, «bekäme man wegen so einer Mütze wie der Ihren fünfhundert Stockhiebe!»

«Und zwar alle aufs linke Ohr, während Sie sich damit die Nase putzen!», wiehert der Brillenmann.

Dann kommt der Ersatzbus. Alle steigen ein. Nur ich bleibe zurück und warte. Der Bus fährt ab. Nach ein paar Minuten sammeln sich neue Fahrgäste, die stehen und warten. Aber keiner schimpft. Wer hätte das gedacht? Kneife einen der Wartenden, um zu sehen, ob sie überhaupt echt sind …

Nobelpreisträger wie du und ich

Donnerstagnachmittag im M19er-Bus in Richtung Kreuzberg. Die Rolle vom Fahrscheinautomaten ist leer. Der Fahrer winkt deshalb die Fahrgäste einfach durch. Heute fährt jeder umsonst.

Ich habe selten einen so gut gelaunten Bus erlebt. Die beiden zehnjährigen Jungs vor mir diskutieren, was mit dem gesparten Fahrgeld zu tun ist. Der eine findet, man müsse das den Eltern schon sagen. Der Freund allerdings ist ganz anderer Ansicht:

– Ey Mann, spinnst du, ey? Nischt sagen wir. Gar nischt. Ey Mann, das sind zweimal eins vierzisch. Weißt du, wie viel Geld das is? Das sind, das sind, das sind, also praktisch sind das eins vierzisch für jeden!

Den anderen Jungen allerdings scheint genau das zu belasten:

– Eben, ich meine, was ist, wenn die was merken? Wie sollen wir denen denn sonst erklären, woher wir plötzlich so viel Geld haben?

– Die merken das doch gar nicht. Wir dürfen uns nur einfach nischt anmerken lassen.

– Aber wenn wir uns jetzt etwas für das Geld kaufen, dann fragen die uns doch, woher wir das Geld hatten.

– Eben, wir dürfen nicht sofort was kaufen. Erst mal müssen wir einfach so weiterleben wie vorher.

– Was?

– Einfach so weiterleben wie bisher …

– Echt, wie lange denn?

– Na, bis Gras über die Sache gewachsen ist. Verstehste? Wir leben ganz normal weiter, gehn zur Schule und alles, weißte? Wir tun einfach so, als wenn gar nichts gewesen wär.

An der nächsten Haltestelle steigt eine ältere Frau ein. Sie versteht nicht so richtig, was der Fahrer von ihr will, also dass er nichts von ihr will. Ein bisschen verärgert legt sie das Geld trotzdem in die graue Plastikschale. Er zeigt auf die leere Fahrscheinrolle. Sie ruft kämpferisch: «Ich hab's aber passend!» Er zeigt auf die leere Fahrscheinrolle. Sie starrt ihn an. Er zeigt weiter auf die Fahrscheinrolle. So verharren sie für einen kurzen Moment, quasi wie eingefroren. Sekundenlang stehen Raum und Zeit still, können die beiden und auch alle anderen Fahrgäste durch einen Spalt der universalen Ewigkeit linsen, bis schließlich der BVGler, immer noch auf die leere Fahrscheinrolle zeigend, mit dem ganzen Charme, der ganzen Weisheit eines Berliner Busfahrers spricht: «Leer.»

Sie starrt ihn weiter an. Er sagt: «Wenn Sie unbedingt wollen, kann ich Ihnen auch einen Fahrschein malen, ich signier den sogar für Sie, aber so ein handgemalter Fahrschein wird dann natürlich sehr, sehr viel teurer.»

Die kleine alte Frau schaut ernst, dann blitzt es kurz in ihren Augen, und sie sagt: «Na, dann bezahl ich aber auch mit selbstgemaltem Geld.» Zufrieden grinsend steckt sie das Geld wieder ein und geht hocherhobenen Hauptes in den Bus.

Der Fahrer lächelt, und auch ich muss zugeben, dass ich die Frau unterschätzt habe. So eine Antwort hätte ich ihr niemals zugetraut. Geht ja schnell, dieses Unterschätzen. Gerade in Berlin kann das ganz schnell passieren. Da ist es ohne weiteres möglich, dass man einfach so Bus fährt, und plötzlich sitzt da die Literaturnobelpreisträgerin direkt neben einem. Das merkt man ja nicht. Weil so eine Literaturnobelpreisträgerin ja auch nicht jeden Tag ihr Literaturnobelpreisträgerinnengesicht trägt. Das ginge gar nicht, und vermutlich will man das als Literaturnobelpreisträgerin im Alltag auch überhaupt nicht. Denn von einer Literaturnobelpreisträgerin würde man natürlich schon erwarten, dass die dann so ein bisschen anders fragt, ob der Platz frei ist, zum Beispiel. Also vielleicht so etwas sagt wie:

«Ob ich im Raume neben mir womöglich noch Vakanzen spür?»

So sprechen im Bus ja normalerweise nur die allerwenigsten. Aber als Literaturnobelpreisträgerin, da wäre man dann natürlich schon irgendwie gefordert. Also wäre den anderen Fahrgästen gegenüber ein wenig in der Bringschuld, gerade auch sprachlich. Und wenn man erst mal damit angefangen hätte, würde so was dann ja sicherlich auch anstecken. Ich würde wohl versuchen, mal ein bisschen gewählter zu antworten, vielleicht in etwa so:

«Der Sitz noch warm vom Vordermann, und doch, ich biet ihn gerne an.»

Natürlich würde so eine Sprache die Lebensqualität von uns allen erhöhen. Logisch, das wäre ein ganz anderes Lebensgefühl. Aber an diesen sprachlichen Anforderungen erahnt man auch schon, dass so ein Literaturnobelpreis Ehre und Bürde zugleich ist. Wenn ich Literaturnobelpreisträger wäre, würde ich, so glaube ich zumindest, sowieso nur noch in Reimen sprechen. Um sozusagen auf Nummer sicher zu gehen, weil, wie sagt der Volksmund so schön: «Es ist sprachästhetisch immer gut, wenn der Satz sich reimen tut.» Da wäre ich dann also quasi auf der sicheren Seite mit meinen Reimen. Denn grundsätzlich hätte ich ja schon ein bisschen ein schlechtes Gewissen, wenn ich den Literaturnobelpreis bekäme. Ich meine, klar, die Reime sind einwandfrei, auch vom Metrum her, kann man eigentlich nichts sagen. Aber dafür gleich den Literaturnobelpreis bekommen? Ich weiß ja nicht. Da käme ich mir dann schon ein wenig vor wie Barack Obama. Dem war das ja letztlich auch irgendwie unangenehm mit diesem Friedensnobelpreis.

In meiner Kindheit gab es den alten Diekmann, vom Landmaschinenbau und Landmaschinenhandel Diekmann im Landkreis Diepholz. Dieser alte Diekmann, hieß es, habe seinen Lehrlingen morgens immer erst mal eine runtergehauen. Ohne Grund. Vermeintlich. Weil, dafür hatten sie dann im Verlauf des Tages eine Dummheit frei. So ähnlich wie diese Ohrfeige muss man sich wohl auch die Vergabe des Friedensnobelpreises an Barack Obama vorstellen.

«Einfach so weiterleben wie bisher …», sagt der erste Junge noch einmal.

«Aber», sagt der andere, «Geld haben, das man nicht ausgeben darf – wozu hat man das denn dann überhaupt? Ich meine, Geld, das man nicht ausgibt, ist doch irgendwie völlig unnütz.»

Dafür nun hätte ich ihm am liebsten direkt den Wirtschaftsnobelpreis verliehen.

Der Fahrer sagt durchs Mikro:

«Da sind wir auch schon blitzeschnelle,

hier an der Endhaltestelle.

Jetzt alle raus aus meinem Bus,

wer will, kriegt noch von mir 'nen Kuss.»

Wobei, diese letzten vier Zeilen habe ich mir jetzt ausgedacht.

Niedersächsischer Herbst

Wer im November in Berlin aus dem Fenster schaut und denkt: Oh, Herbst, es ist Herbst, dunkel, dunkel, grau, grau, Herbst, richtig Herbst, wer jetzt allein ist, wird es lange bleiben, Herbst, die Blätter fallen, die Natur ist saft- und kraftlos, so wie ich, ich bin wie ein müder Baum im Herbst, nur dass ich auch noch friere, ja, ich friere, es ist kalt, Herbst, Baum, das bin ich, ein frierender, kalter Baum im Herbst, Herbst, Herbst, so wird es von nun an bleiben, Herbst, ich bin der Herbst … Wer also denkt: Herbst in Berlin sei so deprimierend, deprimierender geht es gar nicht, der hat noch keinen Herbst in Niedersachsen erlebt.

Das ist Herbst. Aber so richtig! Herbst mit allem Berliner Schnickschnack, doch dazu scharfer, kalter Wind, kombiniert mit einem niemals endenden Nieselregen.

Gäbe es so was wie Depressionstourismus, es würden Depressionshungrige aus aller Welt kommen, um sich den Herbst in Niedersachsen anzugucken. Ein besseres, ein kompletteres Depression-all-inclusive-Angebot findet man nirgends. Und der Landkreis Diepholz wäre wahrscheinlich so etwas wie der Ballermann der Depressionsfreunde.

Wer, wie ich, dort aufgewachsen ist, dem gefällt das. Denn der trägt diesen niedersächsischen Herbst ohnehin tief, tief in sich, in seiner tiefen niedersächsischen Seele. Nicht von ungefähr heißt es: Je flacher die Gegend, desto tiefer die Seele und der Blick ins Glas.

Ich fahre gern im Herbst nach Niedersachsen. Für mich ist das wirkliches Heimkommen. Diese allgemeine herbstlich-depressive Grundhaltung hat etwas sehr Beruhigendes, Verlässliches. Niemand kommt auf so schwachsinnige Ideen wie mal rausgehen oder gar einen Ausflug ins Grüne machen.

Nein, man bleibt schön im Warmen sitzen und wartet auf den Frühling, wie es sich gehört.

Sitze im Warmen, also in der Friedhofskapelle Burlage, und verfolge den Beerdigungsgottesdienst für meinen Onkel Herbert. Draußen windet und nieselt es. Mehr niedersächsischer Herbst geht nicht. Ich bin zufrieden. Die Familie ist in Berlin geblieben. Eigentlich wollten sie mitkommen, weil sie den Onkel, so wie ich, sehr gern hatten, aber dann habe ich ihnen mit leuchtenden Augen vom Herbst in Niedersachsen erzählt. Plötzlich hatten sie Termine.

Die Friedhofskapelle ist recht klein. Sie bietet bei weitem nicht genug Platz für die vielen Trauergäste. Das war schon immer so. Die Jüngeren müssen stehen, die Älteren können sitzen, der Gestorbene darf liegen, als Einziger. Irgendwie gerecht, diese Kapelle. Je näher man dem Tod ist, desto bequemer hat man es. Ich darf zum ersten Mal sitzen. Immerhin. Als mir jedoch ein Sitzkissen angeboten wird, lehne ich erschrocken ab. Auch die Polizei und das örtliche Sägewerk haben eine Abordnung geschickt. Sie haben Onkel Herbert bei dem Kreisverkehrvorfall im vorletzten Sommer schätzen gelernt. Und der übertrieben große, anonyme Kranz soll vom Besitzer des Innenstadthotels bezahlt worden sein. «In tiefer Dankbarkeit» steht auf der Schleife. Das, so wird allgemein vermutet, kann nur dessen Dankbarkeit meinen, ungestraft über die Hotelterrasse seines Bruders fahren zu können. Doch der Florist schweigt eisern, was seinen Auftraggeber angeht.

Eigentlich verbindet mich mit meinem Onkel Herbert ja außer dem großen Kreisverkehrsbahnhof nur eine Geschichte. Die aber wurde, obwohl ich selbst fast keine Erinnerung daran habe, prägend für mich. Irgendwann in meiner Kindheit, ich muss damals so zehn, elf Jahre alt gewesen sein, hat mich mein Onkel gefragt:

«Und, Horst? Was willst du denn mal machen, wenn du groß bist?»

Und ich muss wohl geantwortet haben:

«Ausschlafen.»

Zumindest erzählte Onkel Herbert diese Geschichte seitdem zu jedem passenden und unpassenden Anlass, bei jedem Familienfest, jeder Feier, jedem Besuch, einfach immer, wenn wir uns begegneten. Rund dreißig Jahre habe ich immer wieder diese Geschichte von ihm gehört. Vermutlich verbreitete er sie auch, wenn ich nicht dabei war.

Viele, fast alle Menschen haben irgendwann, irgendwie in ihrer Kindheit mal etwas gemacht oder gesagt, woran sie sich zwar nicht mehr wirklich erinnern, was ihnen jedoch immer wieder als Anekdote erzählt wird. Eine Freundin hat wohl als Achtjährige die tote Katze in einem Gefrierbeutel in die Tiefkühltruhe gelegt, nachdem sie einen Film mit Louis de Funès gesehen hatte, in dem ein Mensch hundert Jahre eingefroren und dann wieder aufgetaut worden war. In der Hoffnung, die Katze in ein, zwei Jahren wieder zum Leben erwecken zu können. Zwei Tage später stand die Mutter dann schreiend mit dem steifgefrorenen Tier in der Küche. Seitdem, also seit fünfundzwanzig Jahren, wird diese Geschichte wohl immer erzählt, wenn es Eis gibt. Die Freundin mag heute kein Eis mehr und hat eine Katzenallergie.

Meine Cousine soll auf die Frage, wen sie denn einmal heiraten wolle, geantwortet haben: Das sei ihr egal, Hauptsache, er rieche nicht nach Pups. Das wird seither in jeder Hochzeitsrede der weitläufigen Verwandtschaft erwähnt, und dann riechen alle am Bräutigam.

Mein ehemaliger Mitbewohner hat als Dreijähriger angeblich beim Metzger immer ein Schwein nachgemacht, um noch eine Scheibe Wurst zu bekommen. Bis weit in die Pubertät verlangte die Familie daher für jede Scheibe Wurst eine Schweineparodie von ihm. So wurde er Vegetarier.

Vielleicht ist ja auch meine Kindheitsepisode mit Onkel Herbert der eigentliche Grund, warum ich ständig so müde bin. Ich möchte das nicht ausschließen. Der Pastor beginnt nun seine Trauerrede und eröffnet sie mit einer Anekdote aus seiner Kindheit. Er ist in meinem Alter, kommt aus Twistringen, was fünf Dörfer weiter liegt, und kannte meinen Onkel wohl schon als kleiner Junge. Onkel Herbert habe ihn, so der Pastor, als Kind mal gefragt, was er denn machen wolle, wenn er mal groß sei. Und er habe, laut meinem Onkel, geantwortet: Ausschlafen. Die Gemeinde kichert. Nur ich und drei weitere Männer murmeln deutlich hörbar: «Ach nee.»

Womöglich hat mein Onkel eine ganze Generation in Niedersachsen geprägt.

Säugetier mit U

Dienstagnachmittag. Sitze am Computer und versuche herauszubekommen, was es kostet, Fahrradskelette auf dem Seeweg nach Südamerika zu schicken. Hm, wie es aussieht, ist das doch nicht ganz so billig, wie ich gedacht hatte.

Im Mailordner kommt eine neue Nachricht rein. Von Facebook. Ach guck. «Hallo, Horst, Mahmud Ahmadinedschad möchte auf Facebook mit dir befreundet sein.»

Mmmh, Ahmadinedschad, Ahmadinedschad, woher kenne ich den nochmal? Genau, das ist doch dieser irre Diktator aus dem Iran. Stimmt, den kenn ich, also vom Namen her. Na dann. Drücke auf «Als Freund bestätigen».

Die Tochter kommt rein. Sie hat offensichtlich ein Problem.

– Papa, ich brauche ein Säugetier mit U.

– Warum?

– Das ist unsere Hausaufgabe. Wir sollen für jeden Anfangsbuchstaben ein Säugetier finden. Aber mit U fällt mir einfach keins ein.

– Na, jetzt überleg mal richtig, so schwer ist das doch nicht.

– Ich hab schon ewig überlegt. Es gibt einfach kein Säugetier mit U.

– Natürlich gibt es eins.

– Dann sag.

– Es ist nicht der Sinn von Hausaufgaben, dass die Eltern sie machen.

– Du weißt also auch keins. Egal, dann ruf ich Maike an, deren Vater weiß bestimmt eins, weil, der ist richtig schlau.

Ich erschrecke und schaue erstmals vom Computerbildschirm auf.

– Was genau meinst du mit «richtig schlau»?

Sie blinzelt verlegen.

– Na, also, ich meine, du bist natürlich *auch* schlau. Aber Maikes Vater, na ja, der ist eben nochmal anders schlau, also wenn der keins weiß, dann weiß sicher keiner ein Säugetier mit U.

– Einen Moment bitte. Du rufst niemanden an.

Ich google sofort «Säugetier mit U». Das wollen wir doch mal sehen, wer hier *auch* schlau ist. *Auch* schlau, wie das schon klingt. Ich will nicht *auch* schlau sein. Das klingt wie *auch* wichtig. Die Spieler beispielsweise, die bei einer Fußball-WM nie zum Einsatz kommen, sondern immer nur auf der Bank sitzen, über solche Spieler sagt man, sie seien *auch* wichtig.

Verdammt, laut Google gibt es tatsächlich kein Säugetier mit U. Vögel, Fische, Amphibien, Reptilien, alles da mit U, aber kein Säugetier. Die Tochter schielt auf den Bildschirm. Sie triumphiert:

– Siehste! Ich hatte recht und du nicht.

Denke, na, das fehlte noch, und sage:

– Schreib: Ulan-Ratte.

– Was?

– Ulan-Ratte.

– Papa, die gibt es doch gar nicht, die hast du dir doch jetzt bestimmt wieder nur ausgedacht, oder?

– Nein, die ist eben nur wenig bekannt hierzulande, die Ulan-Ratte. Die ist nämlich eine russische Verwandte der hiesigen Bisamratte. In Russland kennt die jeder.

Ihre Stimme bekommt etwas Flehentliches:

– Papaaaa.

– Hör auf deinen Vater und schreib das! Das ist super. Komm, das kontrolliert doch niemals jemand nach, dann bist du die Einzige, die ein Tier mit U hat, und bekommst eine Supernote.

Das Kind schaut skeptisch, geht dann aber raus. Ha, was gibt es Schöneres, als seinem Kind helfen zu dürfen.

Schon wieder Post von Facebook. Mahmud Ahmadinedschad schlägt mir Hugo Chávez, Kim Jong-il, Silvio Berlusconi, Tony Blair, Rainer Brüderle und Thilo Sarrazin als Freunde vor. Ach Gott, ach Gott. Bestätige alle.

Am nächsten Tag kommt die Tochter mit bitterer Miene aus der Schule. Ich versuche sie aufzumuntern:

– Na, was ist dir denn in den Kakao getropft?

– Ich habe eine Drei bekommen. In der Säugetieraufgabe.

– Was? Frechheit! Obwohl du für alle Buchstaben was hattest?

– *Weil* ich für alle Buchstaben was hatte. Frau Schnabel hat mir fünf Punkte abgezogen, weil ich mir einfach ein Tier ausgedacht habe.

– Echt? Welches Tier hast du dir denn ausgedacht?

– Du! Du hast dir die Ulan-Ratte ausgedacht. Und deshalb habe ich jetzt fünf Punkte Abzug.

Sie schaut mich in einer Mischung aus Wut und Enttäuschung an. Wie ähnlich sie manchmal ihrer Mutter ist. Vielleicht aus schlechtem Gewissen, vielleicht aber auch aus Trotz höre ich mich sagen:

– Ach so, die Ulan-Ratte. Aber die ist gar nicht ausgedacht, die gibt es wirklich.

– Echt?

– Natürlich, sonst hätte ich sie dir doch niemals vorgeschlagen. Die gibt es, und ich werde das deiner Lehrerin auch beweisen! Wirst sehn, dann kriegste deine fünf Punkte zurück.

– Ehrlich? Danke, Papa!

Sie nimmt mich in den Arm und geht dann fröhlich singend

raus. Ich bin erleichtert, allerdings nur so lange, bis ich begreife, was ich eigentlich gerade behauptet habe. Es hilft alles nichts. Ich werde beweisen müssen, dass es die Ulan-Ratte gibt. Gehe meine Möglichkeiten durch. Das Einfachste wäre sicherlich, ein Genlabor zu beauftragen, eine neue Art Bisamratte zu züchten und dann möglichst bald ein Paar davon in Russland auszusetzen. Das wäre die wissenschaftlich seriöse Variante, dauert aber natürlich viel zu lange. Außerdem, wie könnte ich dafür sorgen, dass diese neuentdeckte Rattenart auch wirklich Ulan-Ratte genannt wird? So geht es also nicht.

Schade, dann muss ich wohl doch einen Wikipedia-Eintrag fälschen. Nicht einfach, aber ich habe ja einen Bekannten mit Wikipedia-Redaktionsrechten. Der aber sagt mir am Telefon: «Nein, ich werde keinen Wikipedia-Eintrag für dich fälschen! Auf gar keinen Fall! Und du kannst das auch nicht! Nein! Seit 2008 wird nämlich jeder neue Beitrag gründlich geprüft! Zum Beispiel durch mich! Und: nein! Ich werde so einen Quatsch niemals freigeben! Auch nicht für dich! Erst recht nicht für dich! Auch nicht für kurz! Ich brauche auch keine Freikarten für Hertha! Wikipedia ist eine absolut seriöse Quelle ... tätäätätäätätäätätää ...»

Ich lege auf. Denke: Na toll, die sollen mal nur so weitermachen bei Wikipedia. Dann haben sie es irgendwann geschafft. Dann denkt sich nämlich niemand mehr neues Wissen für Wikipedia aus.

Berichte stattdessen von meinem Problem bei Facebook. Mal gucken, was dieses soziale Netzwerk wirklich kann. Da scheinen aber alle gerade andere Probleme zu haben. Ein Ralf Meier, mit dem ich offensichtlich wohl auch irgendwie befreundet bin, schreibt zum Beispiel: «Boah, gestern wieder völlig besoffen gewesen, aber hammer-hackevoll. Mann.

Heute Hammer-Hacke-Kater-Dröhn-Birne! Mann! Hänge nur rum! Mann! Würg! Hammerkopp!»

Was für eine Nachricht. Obwohl, darunter steht: «Rainer Brüderle und siebzehn anderen gefällt das.» Sag ich ja, bei Facebook findet jeder jemanden, der sein Interessengebiet teilt.

Mahmud Ahmadinedschad schreibt, er überlegt, ob er seinen Präsidentenpalast verpixeln lassen soll. Wegen Google Street View. Schreibe ihm, das müsse er selber wissen. Kim Jong-il antwortet, er lasse sein ganzes Land verpixeln, aber nicht nur bei Google.

Nach rund einer halben Stunde bekomme ich plötzlich doch eine Antwort wegen meiner Rattenfrage. Von Silvio Berlusconi, überraschenderweise auf Deutsch. Das sei alles kein Problem, schreibt er. Ich solle mir einfach einen renommierten russischen Zoologen bei Wikipedia suchen und dann selbst bei «gutefrage.de» die Frage stellen: «Wer entdeckte die Ulan-Ratte?» Fünf Minuten später solle ich auf «gutefrage.de» meine eigene Frage beantworten und zum Beispiel schreiben: «Der berühmte Zoologe Professor Zakarov aus St. Petersburg entdeckte 2006 die Ulan-Ratte in Russland.» Das als Überschrift, dann solle ich das Ganze im Artikel noch mit ein paar Daten und Hintergrundinformationen ausschmücken. Wenn man nun «Ulan-Ratte» und «Professor Zakarov» bei der Suchmaschine eingeben würde, so Berlusconi weiter, käme als Erstes der Wikipedia-Eintrag vom Professor und dann meine Antwort bei «gutefrage.de». Durch den Wikipedia-Eintrag oben wirke das alles total seriös, da stelle niemand Fragen. Das würde garantiert funktionieren.

Als ich am nächsten Abend beim Abendessen die Tochter nach ihrem Schultag frage, ist sie ganz begeistert. Sie habe mit Frau Schnabel am Schulcomputer «Ulan-Ratte» und «Professor Zakarov» gegoogelt. Frau Schnabel sei sehr beeindruckt gewesen, habe sich mehrfach entschuldigt und hätte ihre Note sofort in eine Eins-plus geändert. Auch lasse sie grüßen.

«Siehst du», sage ich, «es ist doch immer schön, wenn am Ende die Gerechtigkeit siegt.»

Die Tochter jubelt: Ja, Frau Schnabel sei ganz aufgeregt gewesen und habe gesagt, das müsse sie sofort ihrem Mann erzählen, der Zoologe an der Freien Universität Berlin sei …

Spüre, wie meine innere Fröhlichkeit bröckelt. Möglicherweise fällt der Sieg der Gerechtigkeit am Ende doch ein bisschen zu hoch aus.

Schleppe mich an den Computer. Eine Mail von Frau Schnabel. Sie möchte sich sehr gerne, sehr dringend mit mir unterhalten. Ich solle einfach einen Termin vorschlagen, sie werde es einrichten. Außerdem habe ich eine Mail vom Bundesnachrichtendienst. Sie schreiben, aufgrund der Sparmaßnahmen überprüfe der BND radikale Strömungen in sozialen Netzwerken nur mit einer Reihe von Fake-Profilen sehr bekannter radikaler oder krimineller Persönlichkeiten. Wer mit diesen dann befreundet sein will, der werde routinemäßig überprüft. Ich sei mehrfach auffällig geworden. Man habe eine ganze Menge Fragen an mich. Der BND habe meine Termine der nächsten Woche überprüft, meinen Zahnarzttermin hätten sie bereits abgesagt, damit ich zu ihnen zum Gespräch kommen könne. Ach du meine Güte.

Die Freundin schaut rein. Sie habe vergessen zu sagen, dass die russische Botschaft am Nachmittag angerufen habe. Ein Professor Zakarov wolle sehr dringend mit mir sprechen. Hätte irgendwie extrem formell geklungen. Ein Botschaftswagen würde mich am nächsten Morgen sehr, sehr früh abholen.

Na ja, eine Möglichkeit bleibt mir noch: Schreibe via Facebook an Ralf Meier: Was, als er sich neulich völlig die Lampen ausgeschossen hat, was genau er da getrunken hat?

PS: Da Geschichten mit Tieren immer eine Moral haben müssen und diese hier im Verlauf der Erzählung womöglich ein bisschen untergegangen ist, will ich sie gerne noch einmal wiederholen: Es ist nicht der Sinn von Hausaufgaben, dass Eltern die machen.

PS 2: Maikes Vater hat Ural-Katze geschrieben.

Im schönen Odenwald

Sie sind in den Odenwald gezogen. Ralf und Beate. Dort
soll es so schön sein, so idyllisch. Sagen Ralf und Beate. Ich
müsse sie mal besuchen kommen. Es gäbe dort noch Ecken,
wo kein Handynetz hinstrahle, nichts gäbe es da, gar nichts.
Da habe man noch so richtig schön verlässlich seine Ruhe.
Das sei wunderbar. Das würde mir auch gefallen.
Ralf und Beate sind gebürtige Berliner. Der Umzug in den
Odenwald war für sie wie eine Reise in ein weit, weit, weit
entferntes Land, eine völlig andere Kultur. Inbesondere auch
vom Sprachraum her: «Weeste, die Leute hier, da vastehste ja
nischt, jar nischt vastehste, weeste? Die reden und reden und
reden, und du vastehst nischt. Jar nischt! Dit is so hübsch.»
Falls irgendjemand in der Republik noch denkt, die Berliner
würden immer nur meckern, wären ständig mufflig und
unhöflich, dann sollte der mal Ralf und Beate kennenler-
nen. Meines Erachtens repräsentieren sie mit ihrer Art das
eigentliche Berlin: eine leicht herablassende Freundlichkeit,
die stete Bereitschaft, sich zu wundern, und eine fröhliche
Weltoffenheit, die aber nicht krampfhaft versucht, andere
Menschen oder Kulturen zu begreifen. Sie finden es einfach
hübsch, was es so alles gibt. Selbst im Odenwald.
Als sie gesehen haben, dass ich in ihrer Nähe auftrete, gab es
kein Halten mehr: «Da kommste vorbei, Horst, keen Thema,
dit biste uns schuldig, musste machen, denn wirste sehn, dit
is so hübsch hier! Wirste sehn. So hübsch.»
Also beschlossen Beate und Ralf, Ebersberg, ihr neuer
Wohnort im Odenwald, läge genau, aber haargenau auf meinem Weg. Ich solle dort einfach aussteigen, sie würden mich
vom Bahnhof abholen, fürstlich bewirten und dann mit mir
in ihrem Wagen zum Veranstaltungsort fahren.

Es hätte mich stutzig machen können, dass Ebersberg nur ein sogenannter Bedarfshalt war, also wo man drücken muss, damit der Zug überhaupt hält. Stutzig machen können hätte mich auch, dass diese Odenwald-Bummelprivatbahn über Ebersberg eigentlich gar nicht so richtig auf meinem Weg lag. Zumindest verwundern hätte es mich können, dass dieser Bedarfshalt Ebersberg mitten auf einem Acker im Nirgendwo lag und der einzige andere Fahrgast auch noch fragte: «Schind Schie sischer, dassch Schie da ausschsteigen wolle?» Das hätte mich nun wirklich misstrauisch machen können. Doch um es mit einer alten niedersächsischen Redewendung zu sagen: Hätte, hätte, Herrentoilette.

Ich hatte den Bedarfshaltestellenknopf gedrückt, also stieg ich auch aus. So ist das! Wer den Knopf drückt, der muss auch aussteigen. Es gibt Regeln. Das ist wie im BVG-Bus. Da gilt kein: «Oh, ich dachte, der hält erst viel später. Wusste nicht, dass da noch 'ne Haltestelle ist. Wollte ja noch gar nicht drücken. War ein Versehen, wollte doch erst nach der Haltestelle ...» Nix! Das gilt alles nicht! Wer den Knopf drückt, steigt aus!!! Wozu hat man denn die Knöpfe, wenn die Leute dann gar nicht aussteigen?

Der Zug fuhr ab, und ich realisierte folgende Situation: Niemand wartete auf mich. Nur ein unbefestigter Feldweg führte zu dieser Bedarfshaltestelle, die aus einem kleinen Schotterhaufen, einem Holzpfosten mit Schild «Ebersberg» und einem sehr verwaschenen Fahrplan bestand, dem ich mit großer Mühe entnehmen konnte, dass diese Odenwald-Bimmelbahn genau alle vier Stunden fuhr. Ein Blick aufs Taschentelefon. Ach guck, das war offensichtlich eine dieser wunderbaren Ecken, wo es nicht einmal ein Handynetz gibt.

Hätte ich zu diesem Zeitpunkt schon gewusst, dass der Ort,

in dem Ralf und Beate wohnten, eigentlich Eberbach hieß, was rund zwanzig Kilometer weiter lag, und es nur Beates skurrilem neuem Sprachmix aus Berlinern und Odenwald-Deutsch zu verdanken war, dass sie diesen Ort «Ebbersbeaach» aussprach, wäre ich vielleicht sogar noch einen Tick verzweifelter gewesen. Abgeschnitten von jeglicher Zivilisation, komplett ohne Handyempfang, die einzige Verbindung zur Außenwelt ein unbefestigter, matschiger Feldweg, auf dem sich mein schwerer Rollkoffer nicht rollen ließ und der zudem nach circa achthundert Metern in einen sehr, sehr dunklen Wald führte, knapp drei Stunden vor Beginn meiner Vorstellung und quasi ohne Hoffnung auf Rettung, da mich hier niemand abholen oder auch nur suchen würde. Ich war sozusagen oberirdisch verschüttet. Im Odenwald geht so was.

Ich setzte mich auf meinen Rollkoffer und wartete … Nach gut einer Stunde stand ich auf und fing an, um den Block, also um meinen Rollkoffer, herumzugehen. Als mir schwindlig wurde, setzte ich mich wieder und begann zu begreifen. Ralf und Beate hatten tatsächlich nicht zu viel versprochen. Ja, hier hatte man mal so richtig seine Ruhe. Und doch täuschten sie sich: Es gefiel mir nicht.

Es dämmerte. Plötzlich bewegte sich etwas im Wald. Tiere? Würden jetzt Tiere angreifen? Aus Rache? Wegen meiner ewigen Fleischesserei? Wölfe? War diese Bedarfshaltestelle womöglich so etwas wie eine Fütterungsstelle?

Der Evers … Im Odenwald von Wölfen gefressen … Hätte man auch nicht gedacht … An einer Bedarfshaltestelle … Warum er da wohl überhaupt ausgestiegen ist? … Na, vielleicht wollte er ja gefressen werden … Hatte ja schon immer so was Seltsames an sich … Man sieht es den Leuten ja nicht an, wenn die sich wünschen, von Wölfen gefressen zu werden … Obwohl der Evers … Da hätte man sich das eigentlich denken können … Würde man dereinst so über mich reden?

Aber nein, es war nur ein fünf- oder sechsjähriger Junge, der auf einer Art Geländekettcar aus dem Wald auf mich zugefahren kam. Dachte: Na, wenn das Bruder Hein ist, dann müssen ab jetzt aber viele Gruselgeschichten umgeschrieben werden.

Rufe dem Jungen zu:

– Hallo, wohnen deine Eltern hier in der Nähe?

– Ja, hinterm Wald.

– Oh, kannst du mich dahin bringen? Ich muss dringend telefonieren.

– Haben Sie kein Handy?

– Doch, aber hier ist ja kein Netz.

– Och, ich habe Netz.

– Du hast ein Handy?

– Klar.

Ein Wunder. Mit Tränen in den Augen stapfe ich durch den Matsch zu ihm.

– O Junge, kann ich bitte mal mit deinem Handy telefonieren?

– Ich darf niemanden mit meinem Handy telefonieren lassen.

– Oh, bittebitte, es ist wirklich dringend. Ich geb dir zwei Euro für das Gespräch.

Er hält die Hand auf. Krame zwei Euro raus und gebe sie ihm. Er streckt mir das Handy hin:

– Hier! Das hat überall Netz!

Als ich das grüne, zucchiniförmige Plastikhandy in seiner Hand sehe, werte ich das als erheblichen Rückschlag. Auch als er den roten Knopf drückt und das Zucchini-Handy

«Telefon für Mister Gurke!» sagt, heitert mich das nicht wirklich auf. Selbst als er nochmal den Knopf drückt und das Telefon erneut «Telefon für Mister Gurke!» quäkt, werde ich nicht fröhlicher. Erst beim dritten «Telefon für Mister Gurke!» muss ich doch lachen oder zumindest so gluckernde Geräusche machen, die sich ein wenig anfühlen wie Lachen.

Dann gelingt es uns tatsächlich, mit seinem Gelände-Kettcar meinen Rollkoffer zum Hof seiner sehr netten Eltern zu schaffen. Die fahren mich direkt zum Veranstaltungsort, von wo aus Ralf und Beate mich nach der Vorstellung in ihr schönes Odenwald-Haus mitnehmen.

Am nächsten Morgen beim Frühstück erzählt Ralf, er müsse demnächst mal nach Berlin kommen. Beim Umzug vor zehn Jahren habe er ja seine drei Fahrräder bei uns im Hof angeschlossen und die Schlüssel durch unseren Türschlitz geworfen. Er sei sich nicht sicher, ob er uns das damals in der Hektik überhaupt noch gesagt habe.

Gebe ihm die Nummer von Herrn Carl. Der bereitet ihm bestimmt einen ganz großen Bahnhof. Sehr viel größer als jede Bedarfshaltestelle im Odenwald.

WINTER

> Geschwindigkeit ist: Schon schlafen,
> wenn andere noch gähnen.
>
> *Hasso Apitz,* ehemaliger Deutschlehrer

Romantik

Nachdem ich im letzten Dezember in Anbetracht einer malerischen, schneebedeckten, quasi unberührten, wirklich wunderschönen Winterlandschaft von der Liebsten darauf aufmerksam gemacht wurde, dies sei eine formidable Möglichkeit, eine immerwährende gemeinsame romantische Erinnerung zu schaffen, eine Art emotionales Foto, das wir beide dann für alle Ewigkeit in unseren Herzen tragen könnten, einfach indem ich jetzt irgendetwas ganz Besonderes, etwas Romantisches sagen würde, da dachte ich: O Gott. Warum? Wieso muss ich wieder was Romantisches sagen? Warum kann sie sich nicht einfach Geld oder einen Diamantring wünschen? Das bekäme sie zwar nicht, aber das wären wenigstens blöde Wünsche, da wäre ich zumindest moralisch im Recht. So aber blieb mir nichts anderes übrig, als verzweifelt zu versuchen, romantikmäßig alles, aber auch wirklich alles zu geben. Also presste ich ängstlich stockend und leicht errötend heraus:
«Wenn ich hier – mit dir – so frier – denk ich mir – mit dir – frier – ich hier – am liebsten.»
Puuuh. Sie lächelt, und ich lächle zurück, denn wir beide wissen, das hätte auch viel schlimmer kommen können.
Romantik gehört im Großen und Ganzen nicht zu den Ge-

bieten, in denen ich eine angemessene Ausbildung erhalten habe. Ich bin sozusagen Romantik-Autodidakt. Ich habe mir alles selbst beigebracht. Doch leider war ich mir kein so sonderlich weiser Lehrmeister. Wobei es auch wirklich nicht leicht ist, sich selbst in Romantik zu unterrichten, wenn man in Niedersachsen aufwächst. In einer Gegend, wo bis vor kurzem noch die Attraktivität einer Frau in Hektar Ackergrund gemessen wurde. Wenngleich Landwirtschaft und Grundbesitz bei mir natürlich kein Thema waren. Probleme hatte ich aber auch so weiß Gott genug.

Mit sechzehneinhalb machte ich Frauke Langschneider den Hof. Wobei, Hof gemacht ist vielleicht etwas hochgegriffen, und ohnehin würde natürlich niemand im Landkreis Diepholz sagen, er will jemandem den Hof machen, es sei denn, er plant tatsächlich, dessen Hof zu pflastern oder zumindest mal die Auffahrt mit Schnellbeton auszugießen. Ich habe Frauke Langschneider schlicht gefragt, ob sie mit mir gehen will, und das, wenn man es noch genauer nimmt, eigentlich auch nur, weil mein vermeintlicher Freund Thorsten Mannschott aus absolut sicherer Quelle erfahren haben wollte, «dass die Frauke nämlich total auf dich steht und dass du die eigentlich nur noch fragen musst, und ratz und fatz, schon springt die Katz!». Sagte mir Thorsten Mannschott, und er hatte sogar noch weitergehende Überlegungen angestellt:

«Weil, das wäre dann doch super, weil, dann hättest du ja schon wenigstens mal eine Freundin, was ja doch schon mal ein Anfang wäre irgendwie, also ein Anfang, auf dem man dann ja auch quasi aufbauen kann, weil, wer schon mal eine Freundin hatte, der spielt dann quasi direkt eine Liga höher, und wer weiß denn, was bei der Frauke nicht noch so alles möglich ist, aber auch selbst wenn nicht, also, wenn da denn doch letztendlich kaum etwas möglich ist, was zwar zu befürchten ist, da die Frauke jetzt ja auch nicht so den Eindruck macht, dass da jetzt wer weiß was alles bei ihr möglich ist …», also das räumte selbst Thorsten Mannschott ein, «dass die Frauke jetzt gerade so diesen Eindruck eher gar nicht macht, sondern eher im Gegenteil, aber das ist ja auch gar nicht wirklich notwendig in dem Sinne, sondern eher so, ich sag mal: kann, muss aber nicht, weil, mal angenommen, selbst wenn das jetzt ganz schnell wieder auseinandergehen würde, also quasi ohne jeden größeren zweisamen Vorfall direkt wieder auseinandergehen würde, wäre es natürlich immer noch ein Riesenerfolg, dann doch immerhin überhaupt schon mal eine Freundin gehabt zu haben, also ganz offiziell und belegbar, was in jedem Fall für den Ruf und weitere mädchentechnisch relevante Vorhaben sicherlich nicht von Nachteil wäre, sondern eher im Gegenteil, weil du dann ja schon mal so mädchenmäßig erfahren wärst oder zumindest als erfahren gelten würdest, was ja im Prinzip genauso gut ist, und das wäre ja schon mal ein Wort, weil, das kann ja weiß Gott nicht jeder Junge vorweisen, also schon mal eine reguläre Freundin gehabt zu haben. Und diese einmal erbrachte mädchenmäßige Leistung würde dir ja auch in jedem Fall erst einmal Vorsprung und ein bisschen Luft verschaffen vor der nervigen Angeberei der anderen zum Beispiel, und deshalb solltest du die Frauke in jedem Fall einfach mal fragen, wo ich doch aus sicherer Quelle weiß, dass die Frauke ja nur darauf wartet, da wäre es ja blödsinnig, wenn du nicht …»

So redete Thorsten Mannschott tagelang auf mich ein, bis ich sie endlich gefragt habe, auf dem Nachhauseweg. Ein Gespräch, das ich niemals vergessen werde. Ich eröffnete mit einem munteren:

151

– Ach guck, die Frauke.

– Hm.

– Jaja, die Frauke, guck.

– Guck, der Horst.

– Und? Die Frauke?

– Was gibt's, Horst?

– Och, die Frauke. Wie war die Schule?

– Was? Weißte doch.

– Ja, weiß ich doch. Ja? Und? Sonst so? Das Fahrrad? Fährt gut?

– Was?

– Na, ich mein nur, also, wenn mal was ist mit dem Fahrrad. Musste nur sagen. Ich kann das … ich mein … ich äh … ich kann das dann schon machen.

– Was willst du?

– Ich? Ähm. Nichts. Nur … Ach, nichts. Ach, die Frauke.

– Du willst aber nicht fragen, ob ich mit dir gehe, oder?

– Ich? Nein. Haha. Warum denn so was? Neinneinnein.

– Das ist gut.

– Ja, das ist gut. Das ist gut. Aber jetzt nur mal angenommen, was wäre denn wenn?

– Was?

– Na, mal angenommen, ich würde fragen, was würdest …

– Nein.

– Also jetzt, ich meine, ohne Tamtam und so, sondern nur …

– Nein.

– Das wär jetzt auch quasi ganz inoffiziell …

– Nein.

– Ja gut, dann, aber ich wollte ja sowieso nicht fragen.

– Ja, das wolltest du sowieso nicht.

– Aber nur mal so interessehalber. Warum denn nicht?

– Weil ich das so nicht will, du kannst nicht einfach nur so fragen, da muss mehr kommen.

– Wie? Was muss denn da noch mehr kommen?

– Na, lass dir was einfallen, was Romantisches oder so.

Eigentlich hatte ich ab da ja gleich keine Lust mehr. Aber Thorsten hat keine Ruhe gegeben: «Sie hat doch praktisch schon angebissen, jetzt aber mal hopp, hopp, rauf auf'n Topp!»

Vor allem Thorsten zuliebe habe ich es dann doch nochmal versucht. Zwei Tage später wartete nach der Schule ein frischgeputztes, gewartetes, blitzendes Fahrrad auf Frauke. Im nigelnagelneuen Satteltäschchen steckten drei Blümchen und ein selbstgeschriebenes Gedicht. Acht Zeilen. Nur an die letzten beiden kann ich mich noch einigermaßen erinnern. Sie gingen ungefähr:

«Träum ich von deinem Sternenhaar

und wünsche mir, wir wär'n 'n Paar.»

Auf diesen Reim war ich besonders stolz. Also auf «Sternenhaar» und «wär'n 'n Paar». Eigentlich bin ich immer noch stolz darauf. Möglicherweise habe ich die ganze Geschichte nur wegen dieses Reims überhaupt noch einmal erzählt.

Und es hat dann ja auch geklappt. Die nächsten vier Wochen gingen wir zusammen. Komplett ohne alles zwar. Aber immerhin, wir gingen miteinander. Schon irgendwie auch offiziell. Kann man nichts sagen. Ihren Freundinnen hat Frauke übrigens erzählt, ich hätte in ihrer heimischen Diele einen kleinen Altar für das Fahrrad gebaut, überall Rosenblätter verstreut, klassische Musik laufen lassen, und alles hätte toll nach Jasmin, Lavendel, Veilchen oder so gerochen. Daraufhin waren die Freundinnen natürlich beeindruckt, weshalb ich die Geschichte so ließ, wie Frauke sie sich gewünscht hatte.

Allerdings glaube ich bis heute, dass noch nie ein Junge oder ein Mann irgendwas total Romantisches mit Rosenblättern, Düften, Altären oder so gemacht hat, sondern die Mädchen oder Frauen das immer nur erzählen, um die Freundinnen neidisch zu machen, und die Männer nicken es nur ab, weil, es schad ja nix. Das ist sicher ein weites Feld.

Aus der sehr pragmatischen Beziehung wurde am Ende dann sogar noch richtige, echte Liebe, allerdings nur bei Frauke und auch nicht mit mir, sondern mit Thorsten Mannschott. Ich war benutzt worden. Trotzdem fand ich es als Erfahrung natürlich super, und es hat mir auch tatsächlich ein bisschen den Rücken frei gehalten für die dann folgende freundinlose Zeit. Fraukes von mir gewartetes Fahrrad war übrigens nach wenigen Kilometern wieder kaputt. Möglich, dass ich da eine oder mehrere Schrauben vergessen habe oder so, was wiederum den tiefgründigen Satz eines anderen Freundes, Jörg Klusmann, bestätigt, der irgendwann wohl ganz kurz einen tiefen Einblick ins Universum hatte nehmen können, als er sagte: «Liebe macht nochmal anders rammdösig als Schnaps.» Gilt bis heute.

Beim Arzt – Dr. Molde

Beim Arzt. Die Frau an der Anmeldung füllt offensichtlich gerade irgendwelche Flüssigkeiten ab. Trotzdem winkt sie mich heran:
– Bitte.
– Guten Tag, mein Name ist Evers, ich bin zum ersten Mal hier, ich komme wegen der Impfung, ich habe einen Termin bei Herrn Dr. Molde …
– Herr Dr. Molde ist noch nicht da!
Sie sagt das laut und ohne mich anzusehen, stattdessen schüttelt sie ein Röhrchen und hält es blinzelnd gegen das Licht. Ich bin verunsichert.
– Was?
– Dr. Molde ist noch nicht da-a. Aber wenn Sie es nur mitte Ohren haben, eine Überweisung kann ich Ihnen natürlich auch schreiben!
– Was?
Genervt lässt sie das Röhrchen sinken und dreht sich zu mir hin.
– Na, is bei Ihnen wohl doch mehr so eine Kopfsache, hm? Noch nicht da-aaa, der Dr. Molde, verstehen Sie? Klingeling!
Beim Klingeling schüttelt sie das Urinröhrchen zur Unterstützung wie eine Weihnachtsglocke. Direkt vor mir, als wollte sie mich verzaubern. Und für einen kurzen Moment habe ich auch wirklich das Gefühl, mir würden Feenflugel wachsen – leider aus den Nasenlöchern. Es sind dann doch keine gewachsen. Gott sei Dank, wer will schon eine Fee sein, der die Flügel aus der Nase wachsen? Speziell als Mann büßt man da doch ganz schön an Würde ein. Aber das sind so Ängste, also dass einem jetzt zum Beispiel plötzlich Feen-

155

flügel aus der Nase wachsen, über die man in der Öffentlichkeit eher nicht so gerne spricht.

– Halloooo!!!

Die Frau schüttelt nochmal das Röhrchen.

– Sind wir kurz mal weggedöst?! Können Sie mir mal sagen, woran Sie jetzt gerade gedacht haben?

– Ich, och … och, ich hab gedacht, dass ich doch jetzt einen Termin bei Herrn Dr. Molde habe, wegen der Impfung.

– Sind Sie sicher? Sie haben ausgesehen, als würden Sie denken, Ihnen wachsen Flügel aus der Nase.

Werde ein bisschen rot, versuche abzulenken.

– Was ist denn jetzt mit meinem Termin?

Nun beginnt sie, in gewisser Weise gelangweilt, irgendwelche Streifen in die Probe zu halten.

– Wann ist denn Ihr toller Termin?

– 8.30 Uhr.

– Na, das ist ja ewig her.

– Zehn Minuten, und als ich gekommen bin, war es, glaube ich, noch vor halb.

– Glaube ich nicht. Aber egal, Sie müssen schon pünktlich kommen, sehen Sie nicht, wie voll das Wartezimmer ist? Der Termin ist jetzt natürlich verfallen.

– Was? Aber Dr. Molde ist doch noch gar nicht da.

– Jetzt lenken Sie mal nicht von Ihrer Zuspätkommerei ab.

Sie hält mir einen Teststreifen hin.

– Hier. Finden Sie, das ist noch orange oder schon rot?

– Weiß nicht.

– Halloooo?

– Rot. Meinetwegen rot, also würde ich zumindest sagen.

– Meinen Sie? Also nee, ich find, das ist doch eher orange.

– Was? Nein. Neinneinnein, also orange auf keinen Fall. Das ist rot, ganz klar. Eindeutig rot.

– Na super!

Sie lässt plötzlich das Röhrchen sinken und schaut mich verärgert an.

– Na, herzlichen Glückwunsch. Das können Sie dann dem
Patienten aber mal schön selber sagen, dass sein Streifen rot
ist. Ganz toll! Wunderbar. Schön selber können Sie ihm das
sagen! Ich hab nämlich keine Lust, hier immer die Böse zu
sein.

Die Tür vom Behandlungszimmer geht auf. Ein Patient
schaut schüchtern heraus, fragt:

– Gibt es schon ein Ergebnis?

Die Frau schnaubt:

– Allerdings gibt es das. Ich hätte ja gefunden, es ist noch
orange. Aber er hier nun wieder, er!!! Unser Herr Farb-
experte!!! Fragen Sie ihn doch selbst!

Sie zeigt auf mich. Der Patient lächelt:

– Ach, dann sind Sie Herr Dr. Molde?

Bevor ich etwas sagen kann, ruft die Frau:

– Aber ganz genau, das ist er!

Sie brüllt ins Wartezimmer:

– So, der Herr Dr. Molde ist jetzt da!!!

PS: Um die galoppierenden Kosten im Gesundheitswesen in
den Griff zu bekommen, hat sich die Bundesregierung entschlossen, bei der Rekrutierung von Ärzten ganz neue, un-
gewöhnliche Wege zu beschreiten. Unter anderem soll die
Ausbildungszeit drastisch reduziert werden. Die Qualität
der ärztlichen Versorgung soll hierunter aber nicht leiden.

Wenn ich Jack Bauer wär

Freitagnachmittag. Sitze jetzt schon seit fast drei Stunden im
Zug von Leipzig nach Torgau. Rund fünfzig Minuten hätte
die Fahrt dauern sollen. Und der Anfang verlief auch völlig
reibungslos. Aber dann, nach circa fünfzehn Minuten in der
Nähe von Eilenburg, hatte der Zug einen kurzen Aufenthalt
wegen eines Weichenproblems. Ein Weichenproblem, das,
so teilte man uns mit, schnellstmöglich behoben würde, damit die Fahrt fortgesetzt werden könne. Das ist jetzt rund
drei Stunden her. Drei Stunden, in denen ich drei Folgen
von «24», dieser Serie mit Kiefer Sutherland als Jack Bauer,
geguckt habe. Die Serie heißt «24», weil eine Staffel genau
vierundzwanzig Stunden aus dem Leben von Jack Bauer
zeigt, am Stück, also in Echtzeit. In diesen drei Stunden, die
ich gesehen habe, ist Jack Bauer von einem Auto überfahren
worden, gefoltert und mit Drogen vollgepumpt worden, einmal tot gewesen, einmal dann doch nicht mehr tot gewesen,
einmal von einem Hochhaus gesprungen; er hat eine Bombe
entschärft, Zärtlichkeit empfangen, wurde vom Dienst sus-
pendiert, hat dreimal mit dem Präsidenten telefoniert, wurde angeschossen und ist zum Schluss noch in die chinesische
Botschaft eingebrochen. Das alles hat Jack Bauer in nur drei
Stunden erledigt, in denselben drei Stunden, während deren
die Bahn hier versucht, ein Weichenproblem schnellstmöglich in den Griff zu kriegen.

Während Jack Bauer vom Leben in den Tod und zurück und
dann auch noch in die chinesische Botschaft reist, schaffe ich
es in derselben Zeit nicht einmal von Eilenburg nach Torgau.
Gut, jetzt bin ich in dem Sinne ja auch nicht Jack Bauer. Und
die Deutsche Bahn AG ist natürlich auch nicht die CTU,
die Counter Terrorist Unit, eine geheime US-Behörde, die

den allermeisten Terrorismus in den USA verhindert. Das ist die Deutsche Bahn AG wirklich gar nicht. Ich bin noch nicht ein einziges Mal mit Jack Bauer verwechselt worden. Selbst als ich mich mal absichtlich wie Jack Bauer angezogen habe, hat mich kein Einziger mit ihm verwechselt. Das liegt wahrscheinlich daran, dass es Jack Bauer in Wirklichkeit gar nicht gibt. Die Menschen spüren, wenn es jemanden gar nicht gibt, und dann wird man mit dem natürlich auch nicht verwechselt, selbst wenn man genauso angezogen ist. Das war ja damals mit Lara Croft auch so. Wobei, ich muss zugeben, Lara Croft habe ich eigentlich nie so richtig ähnlich gesehen, selbst wenn ich mich genauso angezogen habe.

In den bisherigen sieben Staffeln von «24» war Jack Bauer übrigens schon dreimal tot, und dreimal ist er wieder ins Leben zurückgekehrt. Das ist im Vergleich zu Jesus die dreifache Menge an Auferstehungen. Ich wollte das nur mal so erwähnt haben, ohne Wertung, Meinung oder Botschaft. Nur mal so drauf hinweisen. Höchstens, falls einer mal so einen halben Tag überhaupt wirklich gar nichts zum Nachdenken hat, der könnte da ja dann drüber nachdenken. Muss es aber auch nicht.

In solchen Momenten, also wenn man seit drei Stunden wegen eines Weichenproblems auf freier Strecke steht, dann denkt man natürlich schon auch einmal, was wäre, wenn jetzt Jack Bauer in diesem Zug säße. Aber wahrscheinlich würde das gar nichts nützen, Jack Bauer würde sicherlich mit irgendjemandem telefonieren, und noch während er telefoniert, würde vermutlich irgendwo irgendwas sinnlos explodieren.

MacGyver hingegen, das wär's, der könnte helfen, der würde schnell Kaugummi und Zahnstocher nehmen, und dann wäre das mit der Weiche geregelt. Selbst die Achsenprobleme hätte der doch flugs mit einem Zigarettenpapier und einem Weinkorken repariert. Aber dem feinen Herrn MacGyver sind Züge ja längst viel zu popelig. Der feine Herr MacGyver reist mittlerweile nur noch mit Sternentoren durch das Universum. Stargate, Goa'uld, Jaffar, Replikatoren, Taatei tiitai, hör mir doch uff. Also mal ganz ehrlich, dieses «Stargate» ist ja meines Erachtens völliger Quatsch. Viel zu unrealistisch, in Wirklichkeit gibt es das doch gar nicht.

Da guck ich doch jetzt lieber noch eine Folge «24» mit Jack Bauer, da kann ich mich mit identifizieren, das hat auch was mit mir und meinem Alltag zu tun.

Der Schaffner teilt in einer Durchsage mit, dass es mit dieser Weiche wohl doch noch etwas länger dauern werde, der Zug fahre daher zurück nach Leipzig. Also ich vermute sehr stark, dass er so etwas in dieser Art gesagt hat, denn bei dem allgemeinen Lautsprecherrauschen waren nur einzelne Fetzen zu verstehen. Und ich denke: Wunderbar, wieder ein Tag in deinem Leben, den sicherlich niemals irgendjemand verfilmen wird.

Die schönsten Weihnachtsmärkte der Welt

Prolog

Im Laufe der letzten zehn Jahre habe ich grob geschätzt circa achtzig Weihnachtsmärkte im gesamten deutschsprachigen Raum besucht. Es gibt wohl, wenn überhaupt, nur wenige Menschen, die so viele verschiedene Weihnachtsmärkte besichtigen konnten und noch in der Lage und vor allen Dingen auch willens sind, über das Erlebte Zeugnis abzulegen. Tatsächlich konnte ich mittlerweile feststellen, dass Weihnachtsmärkte generell eine relativ ähnliche innere Ordnung haben. Die Kenntnis dieses grundsätzlichen strukturellen Aufbaus der Weihnachtsmärkte ermöglicht es mir, mich selbst auf den größten und unübersichtlichsten Weihnachtsmärkten sehr schnell und sicher zurechtzufinden. Das ist eine schöne Fähigkeit und ein wirklich nicht zu unterschätzender Vorteil. Selbst auf dem weltweit wohl größten und berühmtesten Weihnachtsmarkt, dem Christkindlesmarkt in Nürnberg, erkenne ich praktisch auf den ersten Blick die genaue Position und auch den schnellsten Weg zu den Toiletten. Das ist eine sehr wichtige, bedeutsame Information. Wie bedeutsam, wird in vollem Umfang spätestens nach Einbruch der Dunkelheit klar, wo man sich immer wieder wünscht, alle Besucher des Christkindlesmarktes hätten auf einen Blick oder zumindest doch ausreichend schnell erkannt, wo hier die Toiletten sind.

Schon dieses kleine Beispiel lässt erahnen: Auch bei Weihnachtsmärkten gilt, wie wohl bei allem im Leben: Wo viel Licht ist, da ist auch Schatten. Und leider irrt Bertolt Brecht eben doch, wenn er behauptet, die im Dunkeln sähe man nicht. Auf Weihnachtsmärkten oder am Rande der Weihnachtsmärkte sieht man sie sehr wohl, und nicht immer ist es ein Anblick, der das Leben oder auch nur den Abend wirklich bereichert.

Doch möchte ich lieber von der leuchtenden Pracht der Weihnachtsmärkte berichten. Dem Besonderen, denn jeder Weihnachtsmarkt hat auch seine ganz eigene, exklusive Note, häufig sogar eine Spezialität, für die er in der ganzen Welt berühmt ist: In Nürnberg gibt es die Lebkuchen, in Dresden den Stollen, in Chemnitz die Schnitzereien, in Aachen die Printen und in Spandau auf die Fresse. Aber auch die kleineren Weihnachtsmärkte haben durchaus ihre Spezialitäten …

Die schönsten Weihnachtsmärkte der Welt
Folge 53: Die Weihnachtswurst von Nordenham
Auf dem Weihnachtsmarkt von Nordenham gibt es genau drei Buden. Rosis Glühweinstation, Ewalds Original Berliner Waffeln und Wurst-Didi. An der Bude von Wurst-Didi hängt eine Werbetafel: «Was wäre Weihnachten ohne die Weihnachtswurst von Wurst-Didi?» Das ist eine wirklich gute Frage. Da habe ich so noch gar nicht drüber nachgedacht.

Die Weihnachtswurst von Wurst-Didi ist im Prinzip eine ganz normale Currywurst, nur dass über den Ketchup dann nochmal zwei bis drei gehäufte Esslöffel Lebkuchengewürz, Zimt und wohl auch so etwas wie Goldstaub gestreut werden. Doch zurück zur Ursprungsfrage: Was also wäre Weihnachten ohne die Weihnachtswurst von Wurst-Didi? Ein kleines bisschen schöner, denke ich.

Eigentlich wollte ich gar keine Wurst, ich hatte Pommes bestellt, aber Wurst-Didi konnte mich nicht verstehen, weil es neben den drei Buden noch eine vierte Attraktion auf dem Nordenhamer Weihnachtsmarkt gibt: Die Kunsteisbahn oder, genauer gesagt, das Eislaufzelt, das von einem kleinen, verbitterten, luftgetrockneten Mann betrieben wird, der offensichtlich Weihnachten oder Nordenham oder beides oder sogar die ganze Welt hasst. Zumindest dröhnt aus seinen bis zum Anschlag aufgedrehten Boxen ununterbrochen Musik von der Gruppe Scooter, eben in einer Lautstärke, die jegliche Kommunikation bis weit über den Marktplatz hinaus unmöglich macht und die letztlich auch dazu führt, dass ich jetzt Wurst-Didis Weihnachtswurst essen muss. Offen gestanden weiß ich gar nicht, ob die Musikstücke wirklich alle von Scooter sind. Erkannt habe ich nur das Stück, wo H. P. Baxxter immer «Hyper! Hyper!» brüllt. Wobei alle anderen Stücke aber quasi genauso klingen, nur eben ohne «Hyper! Hyper!»; also selbst wenn die eventuell nicht original von Scooter sind, dann sind sie doch zumindest sehr scooteresk.

Nordenhamer sind keine auf diesem Weihnachtsmarkt. Außer mir ist überhaupt kein Besucher auf diesem Weihnachtsmarkt. An einem Adventssamstagnachmittag. Fühle mich den vier Attraktionen gegenüber irgendwie verpflichtet. Die muss ich jetzt alle vier ganz alleine durchbringen. Kaufe auch eine Waffel und einen alkoholfreien Glühwein mit Schuss. Gerne hätte ich mit Glühwein-Rosi ein wenig über den Sinn oder Unsinn von alkoholfreiem Glühwein mit Schuss philosophiert, aber wegen der Scooter-Beschallung hat Rosi ein paar Riesenkopfhörer auf, mit denen sie vermutlich nochmal etwas anderes hört. Vielleicht Entspannungs- oder Meditationsmusik. Das würde zumindest das Tempo ihrer Bewegungen erklären. Wobei Tempo hier natürlich das völlig falsche Wort ist. Nachdem ich, wegen der Umstände wortlos, auf mein eigentliches Wunschgetränk, den alkoholfreien Punsch, gezeigt habe, zeigt sie nur kurz kopfschüttelnd auf den alkoholfreien Glühwein mit Schuss und bereitet ihn dann in sehr, sehr ruhigen, anmutigen, in höchstem körperlichem Bewusstsein ausgeführten Bewegungen zu. Nachdem sie ihn mir überreicht und kassiert hat, kehrt sie wieder in ihre meditative Grundfigur zurück, dem «traumwachen Kranich im Auge des Sturms».

Ich hingegen fühle mich nun bereit für meine vierte Prüfung und will mir Schlittschuhe leihen. Der kleine, böse Mann bemerkt die Gefahr zu spät. Als ich plötzlich vor seiner Butze stehe und den Mund bewege, wird ihm wohl klar, dass ich mit ihm rede. Dann bewegt auch er den Mund. Wahrscheinlich unterhalten wir uns jetzt. Leider versteht man natürlich kein Wort, aber beide bewegen wir jetzt unsere Münder, und das ist ja das Wichtigste, dass man irgendwie miteinander redet. Nachdem wir so eine Weile beide angeregt unsere Münder bewegt haben, gibt er mir plötzlich ein Paar Schlittschuhe. Genau meine Größe. Keine Frage, rein fachlich kann ihm vermutlich als Schlittschuhverleiher kaum jemand das Wasser reichen. Ich gebe ihm wahllos ein paar Münzen aus der Hosentasche, er nickt.

Und dann, nur zwei Minuten später, laufe ich Schlittschuh. Zum ersten Mal wieder nach über zwanzig Jahren. Es gibt Dinge im Leben, die verlernt man einfach nicht. So wie Fahrradfahren oder ohne Besteck und Hände Spaghetti essen oder seinen Namen in den Schnee pinkeln. Schlittschuhlaufen gehört leider nicht zu diesen Dingen. Das bemerke ich sehr schnell, also nach ungefähr einem halben Schritt, als ich schon die erste Eiskunstlauffigur versuche, den dreifach gestolperten Pinguin, bei dem ich zügig hinknalle, vier Meter übers Eis schlittere und dann gegen die Bande krache.

Als ich kurze Zeit später die Schuhe zurückgebe, sehe ich,

wie der verbitterte, luftgetrocknete Mann tatsächlich lächelt. Richtig breit und herzlich. Dann macht er plötzlich die Musik aus, flüstert «Danke» und gibt mir die Leihgebühr zurück: «Ist schon in Ordnung, Sie haben die Schuhe ja kaum benutzt. Also zumindest nicht, um draufzustehen.»

Auch Rosi, Ewald und Didi nicken mir fröhlich zu, als ich mich über den Marktplatz zurückschleppe: «Das war mal eine schöne Abwechslung. Wollen Sie noch eine Weihnachtswurst? Geht aufs Haus!», ruft Didi aus seiner Bude.

Ich lehne tapfer lachend ab, und die drei winken mir zum Abschied. Rund fünfzig Meter bin ich wohl schon vom Markt entfernt, als ich höre, wie «Hyper! Hyper!» wieder aufgedreht wird. Es hilft ja nichts. The show must go on. Das gilt natürlich auch für Eislaufbahnen.

In der Gewalt der Schlummertaste

Ich habe zu Weihnachten einen Wecker mit Schlummertaste geschenkt bekommen. Also so eine Taste, wo man draufschlagen kann, und dann ist nochmal zehn Minuten Ruhe, bis der Wecker das nächste Mal tutet.

Es ist bestimmt mehr als zehn Jahre her, dass ich das letzte Mal einen Wecker mit Schlummertaste hatte. Damals war ich der König der Schlummertaste. Ganze Tage habe ich seinerzeit damit verbracht, immer und immer wieder auf die Schlummertaste zu hauen. Mein Rekord aus jener Zeit steht bei fast sechsunddreißig Stunden Schlummertaste. Zwischendrin, also in diesen sechsunddreißig Stunden, muss ich aber auch ein paarmal so richtig weggeschlafen sein und hab deshalb wohl den ein oder anderen Schlummertastentutalarm verpasst. Wie dem auch sei. Sechsunddreißig Stunden. Nicht schlecht. Und mental, also von meiner Willensstärke her, hätte ich sogar noch länger die Schlummertaste drücken können. Aber der Rücken. Ah. Der hat's leider nicht mehr gepackt. Für so ein langes Liegen bräuchte man eine ganz andere Rückenmuskulatur, ein ganz anderes Trainingsprogramm, und dafür fehlt mir ja leider die Zeit.

Den neuen Wecker habe ich übrigens von der Tochter bekommen. Schon im Herbst hatte sie mal davon erzählt, dass in anderen Familien die Eltern vor den Kindern aufstehen, Frühstück machen und die Schulsachen vorbereiten, Sportzeug und all den anderen Kram, bevor sie dann die Kinder wecken.

Ich habe ihr erklärt, dass ich, wenn es nur nach mir ginge, das ja auch gerne so machen würde. Aber leider ist das nicht möglich. Wegen ihrer Erziehung. Die große Gefahr heutzutage ist doch, dass man die Kinder zu sehr verwöhnt und die dann nichts anderes kennen, als sich immer nur an den gedeckten Tisch zu setzen. Wie schnell ist es passiert, dass man ihnen alles vor- und nachträgt. Dem jungen Prinzen, der lieblichen Prinzessin. Und später, als junge Erwachsene, sind sie dann von den Anforderungen der Wirklichkeit völlig überfordert. Und diese Anforderungen werden ja enorm sein. Bedenkt man, was für Schuldenberge und was für eine runtergerockte Welt wir ihnen hinterlassen. Und dann müssen ja auch noch die Alten, also wir, gepflegt, gefüttert und unterhalten werden. Das wird nicht leicht für die jungen Leute. Das kriegen die doch niemals geregelt, wenn wir sie heute ständig verwöhnen. Deshalb zwinge ich mich, bis zur letzten Sekunde im Bett liegen zu bleiben, das Kind das Frühstück machen zu lassen, um dann stets in mittelgroßer Eile zur Schule zu hetzen.

Das ist nicht einfach. Niemand soll glauben, dass mir das leichtfallen würde. Natürlich wäre ich auch lieber der tolle, fürsorgliche Früh-aufsteh-und-alles-vorbereit-Papa, aber ich bin leider zu verantwortungsbewusst, um mir das Leben so leicht zu machen.

Deshalb habe ich also von der Tochter diesen Wecker bekommen, damit ich doch einigermaßen zeitig aus dem Bett getutet werde. Aber da hat sie die Rechnung ohne die Schlummertaste gemacht. Wobei, endlos Schlummertaste geht gar nicht. Beim neuen Wecker schaltet sich die Schlummerfunktion nach dem fünften Mal von selbst aus. Theoretisch könnte ich das zwar durch Drücken einer ausgefuchsten Tastenkombination anders einstellen. Theoretisch könnte ich auch mit meinem Handy eine Endeavour-Raumfähre steuern. Praktisch kann ich damit nicht mal eine MMS-Bildnachricht öffnen. Also zumindest glaube ich, dass ich so was bekommen habe von meinem zehnjährigen

Patenkind, das überhaupt nicht fassen kann, dass ich eine MMS-Bildnachricht nicht öffnen kann. Das Patenkind behauptet, solche Handys gäbe es gar nicht mehr, die MMS-Bildnachrichten nicht öffnen können. Ich hätte das bestimmt nur unterdrückt. Na wunderbar, so weit sind wir also schon, dass ich mir vorwerfen lassen muss, ich würde mein Handy unterdrücken.

Gut, das Ändern der Schlummertasteneinrichtung war dann wohl doch nicht so übermäßig kompliziert. Zumindest hat meine achtjährige Tochter die Schlummertastenfunktion mittlerweile ganz ausgeschaltet. Sie sagt, sie würde sie wieder einschalten, wenn ich dafür morgens vor ihr aufstehe und Frühstück mache. Möglicherweise ist sie doch schon ganz gut auf die Anforderungen dieser Welt vorbereitet. Besser jedenfalls als ich.

Der Nikolaus kommt früh nach Haus

Kürzlich habe ich Mirko Kumbat in der U-Bahn getroffen. Mirko ist der jüngste Sohn der Kumbats, mittlerweile ist er aber auch schon vierundzwanzig und glaubt nicht mehr an den Weihnachtsmann. Gott sei Dank, weil, sonst müsste ich vermutlich immer noch bei den Kumbats zur Bescherung Weihnachtsmann spielen.

Mit den Kumbats verbindet mich eines der fraglos unangenehmsten Erlebnisse meines Lebens. Es war vor gut zwanzig Jahren in meinen ersten Wochen in Berlin. Damals waren die Wohnungen hier noch sehr, sehr knapp. Erst recht die billigen. Die ersten drei Monate in Berlin habe ich deshalb in vier verschiedenen Wohnungen gewohnt, immer nur für zwei, drei Wochen auf Zeit. Anfang Dezember hatte ich ein Zimmer in einer WG gefunden, im vierten Stock eines Hauses, wo im zweiten Stock die Kumbats wohnten. Die Kumbats hatten drei Söhne, was ich aber bis zum Morgen des 6. Dezember noch gar nicht so richtig wusste und was mich bis dahin nun eigentlich auch überhaupt nicht interessiert hatte, denn ich hatte wahrlich genug anderes um die Ohren. Um es kurz zusammenzufassen: Ich war damals neu in Berlin, ich war jung, und es war eine wilde Zeit. Für andere vielleicht nicht so, aber für ein völliges Landei, das komplett überfordert war von den Versuchungen der Großstadt, für dieses Landei war das schon eine verdammt wilde Zeit. In der Nacht zum 6. Dezember nun, also der Nacht vor Nikolaus, kam jetzt ebendieses Landei, nennen wir es der Einfachheit halber mal: «er», er kam also gegen fünf Uhr morgens sehr betrunken und, das ist ja häufig, wenn man betrunken ist, auch sehr, sehr hungrig heim und begann den äußerst beschwerlichen Aufstieg in den vierten Stock. Schon im zweiten Stock jedoch geschah dann das Unglück. Denn dort standen die drei gefüllten Nikolausstiefel der Kumbat-Söhne. Wie gesagt, hatte er unfassbar großen Hunger und war betrunken. Es muss alles ganz schnell gegangen sein. Als er wieder zu sich kam, saß er auf der Treppe und hatte einen der drei Stiefel ratzeputz leer gegessen. Dann jedoch kam sofort das schlechte Gewissen. O Gott, was wenn die drei Jungs am Morgen vor die Tür schauen? Zwei mit vollen Stiefeln, und einer kriegt nichts. Überhaupt gar nichts. Wenn das kein Trauma gibt. Es half alles nichts: Um das eine Kind irgendwie zu schützen, sah er keine andere Möglichkeit, als die anderen beiden Stiefel auch komplett leer zu essen. Das war schon deutlich schwieriger, aber um den Jungs eine glückliche Kindheit zu bewahren, stopfte er die Süßigkeiten ohne Rücksicht auf Verluste in sich rein. Dann war ihm übel. Aber so richtig übel. Von den rund anderthalb Kilo Süßigkeiten – und vom immer stärker werdenden schlechten Gewissen. Drei Kinder vor leeren Nikolausstiefeln. Mit einem Schlag war ihm das ganze Ausmaß seiner verwerflichen Tat bewusst. Nein, so ging das nicht. Er durfte sich jetzt nicht einfach davonstehlen. Er hatte gefehlt, jawohl, am frühen Nikolausmorgen war er geprüft worden, und er hatte gefehlt, aber er würde wenigstens zu seiner Schandtat stehen. Er beschloss, zu klingeln und alles zu erklären.

Bis heute frage ich mich, was für ein Gefühl es als Vater sein muss, wenn man am Nikolausmorgen um fünf Uhr früh mit Sturmklingeln aus dem Bett geholt wird, von einem völlig betrunkenen und schokoladebeschmierten Untermieterstudenten, der einem lallend verkündet, dass er soeben versehentlich die drei Nikolausstiefel seiner Söhne ratzeputz leer gefressen hat. Dann von diesem Studenten fast umgerissen zu werden, weil der plötzlich und unangekündigt zur

Toilette stürzt, wo dann alles nur noch viel, viel schlimmer wird. Bevor dann endlich ebendieser Student auf ebendieser Toilette genauso überraschend in einen tiefen, regungslosen Schlaf fällt.

Also, für diesen eigentlich etwas unvorteilhaften ersten Eindruck hat Herr Kumbat doch relativ gelassen reagiert. Natürlich musste ich später Badezimmer, Flur und Treppenhaus putzen. Und natürlich fünf Jahre lang bei Kumbats den Weihnachtsmann spielen. Aber gemessen an diesem Vorfall – also man muss wirklich sagen, das hätte auch schlimmer kommen können. Obwohl ich vermutlich der einzige Weihnachtsmann in ganz Berlin war, der nach der Bescherung der bescherten Familie auch noch das Bad geputzt hat, fünf Jahre lang. Das war dann eben auch so eine Art Tradition.

Die beige Einzelzelle der Liebe

Philipp trägt einen hässlichen Pullover. Das ist grundsätzlich nichts Schlimmes oder Ungewöhnliches. Ich trage auch von Zeit zu Zeit ganz gerne mal einen hässlichen Pullover. Teilweise sogar mit Absicht. Es gibt so eine Art hässliche Pullover, die kommt bei Frauen eigentlich recht gut an. Also zumindest bei einigen Frauen. Solche Pullover lösen bei diesen Frauen so eine Art Mutter- oder Beschützerinstinkt aus: «Um Gottes willen, was ist das denn für ein Pullover? Der arme, arme Mann. Ich muss diesen Mann vor seinen Pullovern schützen. Aber wie kann man ihn nur retten? Was kann ich nur tun? Na, ich denke, wir sollten miteinander schlafen. Das lenkt ihn vielleicht ein bisschen ab, vielleicht kann man ihn so vor seinen Pullovern retten. Einen Versuch ist es wert.»
Nicht selten sind es wohl Gedanken wie diese, die die Basis einer langen und glücklichen Beziehung bilden. Philipp trägt den Pullover aber nicht, um eine Partnerin zu finden. Im Gegenteil, er hat sogar schon eine Ehefrau, und ein Kind hat er noch dazubekommen, und genau deshalb trägt er auch den Pullover. Denn der ist sein Geburtstagsgeschenk, vom Kind, die erste eigene Strickarbeit des Sohnes. Ein toller Pullover, sagt Philipp. Das sagt auch Jana, die Mutter des Kindes. Ja, das stimmt, der Pullover ist wirklich toll, aber leider hässlich.
Er sieht aus wie ein norddeutsches Ziegeldach nach einem Jahrhundertsturm. Überall sind undefinierbare Lücken, sodass man sich ständig fragt, ob das die Versicherung wohl zahlt. Die Farbe ist irgendwie eine Variation in Beige. Dunkelbeige würde ich sagen. Der Farbname Beige wurde ja nur erfunden, weil es zu unappetitlich ist zu sagen, irgend-

etwas sei kotzefarben. Aber dieser Pullover ist ja dunkelbeige. Die Ärmel sind rund zehn Zentimeter zu lang und zu breit, weshalb sie gern in irgendwelchen Kaffeetassen hängen, wodurch Philipp permanent tropft oder suppt. Die vordere Seite des Pullovers ist leider deutlich breiter geraten als die hintere, wodurch es vorne zu Verwerfungen kommt, die aussehen, als würde Philipp etwas unter dem Pullover verstecken. Etwas Lebendiges. So was wie ein unförmiges Kaninchen oder drei nervöse, zappelige Nacktmulle, die vor seinem Bauch Tai-Chi oder etwas Ähnliches machen.

Das Bitterste jedoch ist: Die Wolle muss auch irgendwas enthalten, was Philipp oder zumindest Philipps Haut nicht sehr gut verträgt. Sein Gesicht ist sauerkirschrot, und er atmet auch relativ schwer. Und trotzdem quält sich Philipp ein Lächeln ab. Denn er ist ein toller Vater. Ein hammermäßig toller Vater. Keine Frage. Das wussten aber eigentlich alle auch schon vorher. Doch jetzt, wie er da so tapfer sitzt in dieser dunkelbeigen Einzelzelle, mit drei Nacktmullen am Bauch, rot leuchtend und tropfend – damit hängt er alle anderen Väter auf ewig ab. Das können wir nicht mehr toppen. Nie mehr.

Ich bin neidisch. Natürlich könnte ich meine Tochter zwingen, mir auch so einen entwürdigenden Pullover zu stricken. Aber was, wenn ihrer dann doch ganz toll wird? Dann wirke ich wie ein Angebervater, weil mein Premiumkind so phantastisch stricken kann. Das Philipp'sche Pulloveropfer erreiche ich auf diese Weise sicher nicht.

Jana sagt, sie findet es schön, wenn Kinder heutzutage noch stricken lernen.

Ich sage: «Wieso soll er das lernen? Den Pullover hat er doch auch so fertiggekriegt.»

Jana lächelt. Gequält zwar, aber immerhin, sie lächelt. Dann flüstert sie, ich solle so etwas bloß nicht gegenüber Konrad, dem Sohn, andeuten. Man wolle ihn nicht entmutigen.

Warum nicht entmutigen? Wenn es jemals einen Grund gab, jemanden zu entmutigen, dann ist es doch wohl dieser Wolltorso. Das, was ich als Kind gestrickt habe, war sehr, sehr viel weniger schlimm als Konrads Katastrophenpullover. Und trotzdem wurde das am Ende immer wieder aufgeribbelt. Sonst hätte es einem ja leid um die schöne Wolle getan. Alles wurde wieder aufgeribbelt. Und hat es mir geschadet? Null, es hat mir überhaupt nicht geschadet! Kein bisschen. Heute habe ich das doch längst schon alles wieder vergessen!

Man muss den Kindern auch einmal die Wahrheit sagen. Wo soll das denn sonst hinführen? Irgendwann sind sie beispielsweise Physiker oder Physikerin, haben ihr erstes eigenes Schwarzes Loch produziert, und man sagt platzend vor Stolz: «Oh, da hast du aber ein schönes Schwarzes Loch produziert. Hui, wie hübsch. Richtige Antimaterie, toll. Und wie schön sich das ausdehnt. Guck mal, immer weiter und weiter und weiter, so schön, irgendwann hat das bestimmt alle Materie, alles hier und auch uns geschluckt, guck mal, es kommt näher, näher – wupp!»

Andererseits ist es natürlich auch wirklich schwierig geworden, ein guter Vater zu sein. Früher, in meiner Kindheit, da reichte es ja praktisch, wenn man das Kind nicht körperlich bestraft hat. Man brauchte nur das Kind nicht zu schlagen, und zack!, schon war man quasi ein guter Vater. Früher waren die Anforderungen an Väter noch überschaubar. Die Kinder haben noch ständig Sachen falsch gemacht, heute machen nur noch die Eltern Fehler. Und selbstmitleidig sind sie obendrein.

Tja, wenn ich einen Sohn hätte, dann könnte ich dem immerhin mein enormes Wissen über Frauen mitgeben. Das wäre noch was. Dann bekäme er so nützliche Tipps wie: «Junge, wenn es dir schwerfällt, mit Frauen zu reden, also dieser ganze Bereich Gespräch, Kommunikation, Zuhören und so, wenn du da nicht so richtig zurande kommst, dann zieh dir eben einfach einen hässlichen Pullover an, das geht oft genauso gut.»

Als ich gehen will, drückt Jana mir noch ein Geschenk in die Hand: «Hier, von uns, zu Weihnachten. Dieser braune Blumenübertopf hat dir doch immer so gut gefallen, und du hast immer gesagt, wie sehr du dich für uns freust, dass wir so einen tollen Topf haben. Wir finden ihn eigentlich gar nicht so besonders, wissen offen gestanden nicht einmal genau, wo wir ihn herhaben. Da dachten wir, schenken wir ihn dir, damit du eine Freude hast.»

Ich lächle und bedanke mich tapfer. Na wunderbar, jetzt muss ich wegen des Topfes auch noch eine neue Wohnung suchen. Als hätte man mit den Kindern nicht schon genug um die Ohren.

Wann lacht der Eskimo?

Die Eskimos, so heißt es, haben rund dreißig verschiedene Wörter für Schnee. Mein Nachbar hat nur ein Wort für Schnee, dafür aber, grob geschätzt, so um die zweihundert verschiedene Bestimmungswörter für den immergleichen Schnee: Scheißschnee, Drecksschnee, Mistschnee, Doofschnee, Arschschnee, Idiotenschnee, Stinkeschnee …
Seit rund anderthalb Jahren darf mein Nachbar wegen der Familie nicht mehr in der Wohnung rauchen. Seitdem steht er auf dem Balkon, raucht und schimpft zitternd und bibbernd vor sich hin. Der erste Winter war ja noch milde, aber dieser Winter ist für ihn die Hölle. Zumindest schimpft er so: Sauschnee, Blödschnee, Sackrattenschnee … Obwohl im Sommer, wenn die Sonne steil auf seinen Südbalkon schlägt, kann er seine vielen Bestimmungswörter auch schön für die Hitze benutzen: Dreckshitze, Doofhitze, Misthitze … Und im Frühjahr oder Herbst nutzt er sie dann eben für Wind oder Regen: Drecksregen, Mistregen und so weiter und so fort. Mein Nachbar schimpft einfach grundsätzlich gern. Einer der wenigen echten gebürtigen Berliner, die noch etwas auf Berliner Lebensart und Tradition geben. Die Tochter will sogar beobachtet haben, dass er manchmal gar nicht raucht, sondern, trotz der Eiseskälte, nur auf den Balkon geht, um ein bisschen das Wetter zu beschimpfen.
Deshalb ist er aber noch lange kein Stinkepeter. So wie er mit Inbrunst schimpfen kann, so kann er auch aus vollem Herzen lachen, das muss man schon fairerweise dazusagen. Zum Beispiel wenn eine orientierungsschwache Taube voll gegen das leicht vorstehende Mauerstück fliegt und runterkracht. Dann lacht er ganz laut und ansteckend.
Anlässlich des hundertsten Geburtstags des Spieles «Mensch

ärgere dich nicht» habe ich kürzlich gelesen, Schadenfreude sei ein rein deutsches Wort. In anderen Sprachen gäbe es dieses Wort gar nicht. Was sagen solche sprachlichen Besonderheiten eigentlich über den Charakter eines Volkes aus? Obwohl, ich kann es auch kaum glauben. Bitte, wie bedauernswert arm ist denn ein Volk, das das anmutige Glück der harmlosen, lebensfrohen Schadenfreude nicht kennt? Außerdem, wer schon einmal mit Holländern ein Spiel einer deutschen Fußballmannschaft gesehen hat, bei der die deutsche Mannschaft dann unterlag, der weiß, dass Holländer Schadenfreude sehr wohl und sehr gut kennen. Aber hallo!!!! Gleiches gilt meines Wissens auch für Engländer. Ein zeitweise leicht zynischer amerikanischer Freund erklärte mir hierzu, Engländer oder Amerikaner würden statt Schadenfreude «justice» sagen.

Eskimos hingegen haben vielleicht wirklich kein Wort für Schadenfreude, dafür aber dreißig verschiedene Wörter für Schnee. Wer so viel Schnee hat, braucht keine Schadenfreude mehr. Die vielen verschiedenen Wörter haben sie laut Etymologen, weil der Schnee für ihre Gesellschaft eine große, quasi metaphysische, identitätsstiftende Bedeutung besitzt.

Wir haben nur ein Wort für Schnee, dafür aber rund zweihundert verschiedene Formulierungen für völlig betrunken sein: hackevoll, sturzbesoffen, die Lampen ausgeschossen, den Vorhang zugezogen, zugelötet, Strandhaubitze, dicht wie Eimer, zu wie Karstadt und so weiter und so fort. Das ist natürlich auch interessant, so hat eben jedes Volk seine eigene sprachkulturelle Identität.

Worst ever

Markus meint, er würde im falschen Zeitalter leben. Er habe einfach wieder einmal Pech gehabt. Wie so häufig in seinem Leben. Ein anderes Zeitalter, eine andere Menschheitsepoche hätte viel besser zu ihm gepasst. Da wäre sein Leben viel richtiger, viel schöner gewesen. Da wäre er dann auch viel motivierter gewesen. Das Mittelalter etwa, das würde sich für ihn eigentlich viel besser anfühlen. Markus denkt das wirklich. Wenn man etwas genauer nachfragt, bemerkt man allerdings schnell, dass sich Markus im Mittelalter mehr so als Fürst sieht. Weniger als Leibeigener zum Beispiel. Als Leibeigener würde sich das Mittelalter für ihn wohl auch nicht so gut anfühlen.

Ich habe noch nie ernsthaft überlegt, ob ein anderes Zeitalter für mich passender wäre. Ich weiß nur, würde ich in einem anderen, einem früheren Zeitalter leben, würde ich als Erstes ein paar Dinge erfinden, auf die ich keinesfalls verzichten möchte. Nichtkratzende Unterwäsche zum Beispiel, die würde ich, glaube ich, als Allererstes erfinden. Dann vielleicht auch Espresso, Nutella und Pommes. Hätte ich diesen Text im Winter geschrieben, wäre meine erste Erfindung vermutlich die Zentralheizung gewesen, und die BVG, die würde ich natürlich auch erfinden. Die Vorstellung, überall ständig zu Fuß hinrennen oder, schlimmer noch, auf dem Pferd hinreiten zu müssen, diese Vorstellung macht mir nur vom Drandenken schon Rückenschmerzen. Apropos, die Krankenversicherung und das Penicillin würde ich natürlich noch erfinden und wahrscheinlich auch das Internet, also vielleicht vorher noch die Elektrizität. Vermutlich würde ich den Leuten im Mittelalter ganz schön auf die Nerven gehen mit meinen ständigen Erfindungen. Am Ende würde ich wohl alles erfinden, was es heute so gibt, außer Kochsendungen natürlich. Und Zinsen, die Erfindung der Zinswirtschaft hätte ich der Welt auch gerne erspart, aber Zinsen gab es ja leider schon vor dem Mittelalter.

Womöglich liegt mein perfektes Wohlfühlzeitalter doch eher in der Zukunft. In hypermodernen, superluxuriösen Raumschiffen durch ferne Galaxien zu fliegen und Klingonen, Frogs, Aldarianern oder Gorgonen meine Geschichten vorzulesen finde ich schon eine reizvolle Vorstellung, aber im Prinzip bin ich auch recht zufrieden mit meinem Zeitalter.

Immerhin habe ich dieses Zeitalter, diese Epoche ja von Anfang an begleitet. War sozusagen bei seiner Geburtsstunde dabei, konnte erleben, wie die extrem schnelle weltweite Vernetzung und Digitalisierung von Information und Wissen alle Bereiche unseres täglichen Lebens verändert hat. Wobei mein Einstieg in dieses Zeitalter des Internets gar nicht so glücklich war. Im Gegenteil, zunächst hatte ich das Gefühl, das Internet lehnt mich ab. Ich erinnere mich noch, wie ich zum aller-, allerersten Mal im Netz unterwegs war und auch zum allerersten Mal etwas in eine Suchmaschine eingegeben habe. Ich habe dort natürlich, wie vermutlich jeder, zunächst meinen Namen eingegeben, also gesucht nach «Horst Evers». Woraufhin die Suchmaschine zurückfragte: Meinten Sie «worst ever»?

Da dachte ich, mit dem Internet und dir, das wird nichts. Das hat Vorbehalte gegen dich. Vorurteile. Ich dachte sogar, also wenn das so schon losgeht, können die das Internet meinetwegen gleich wieder zumachen. So was muss ich mir von diesem Internet nicht sagen lassen. Das soll erst mal Manieren lernen, das Internet.

Ein bisschen denke ich das ja sogar heute noch, obwohl

ich natürlich längst begeistert bin von den vielen Möglichkeiten, die sich eröffnet haben. Wie überhaupt ständig neue
Technologien hinzukommen. Der neueste Trend auf der
Funkausstellung war beispielsweise gerade die verbesserte
3D-Technologie.

3D kennen natürlich viele aus ihrem Alltag. Wesentliche
Teile des Alltags werden ja eigentlich schon seit mehreren
Jahrhunderten in der Regel in 3D dargestellt. Jetzt wird aber
auch die Freizeit 3D, also Kinofilme oder demnächst Fernse-
hen. Das wird alles 3D. Mit 3D-Brille.

Aber natürlich gibt es, wie ja mittlerweile bei jedem Trend,
längst schon wieder eine Gegenbewegung. Selbstverständlich gibt es die, und ich finde es toll, dass da immer sofort
eine Gegenbewegung ist. Dann fühlt man sich nicht ganz so
wie ein Lemming.

Ich kenne Leute, die sind mehr oder weniger gerade dabei,
für den Alltag eine 2D-Brille zu entwickeln. Wodurch man
dann den ganzen Alltag eben so wie einen Film, also in 2D
erleben kann. Old school quasi. Das wird großartig. Und
wer einen besonders anspruchsvollen oder künstlerischen
Alltag haben möchte, für den soll es dann natürlich auch
2D-Brillen in Schwarzweiß geben, sogenannte Kaurismäki-
Brillen. Damit er seinen ganzen Alltag dann eben retro, wie
in einem 2D-Schwarzweißfilm, erleben kann. Auf Wunsch
auch mit Spezial-Ohrstöpseln für einen Stummfilm-2D-
Alltag. So, wie der Film durch die 3D-Technologie wie der
Alltag wird, wird der Alltag mit 2D-Brillen quasi zum Film
gemacht. Auch technologischer Fortschritt kommt nicht
ohne Dialektik aus.

Die Entwicklung von Zeichentrick-2D-Alltagsbrillen für
Kinder steckt allerdings noch ganz in den Anfängen, aber
trotzdem wird das ein Riesenmarkt mit diesen 2D-Brillen.

Davon sind zumindest die Freunde überzeugt. Wer weiß, wenn sie diese Technologie irgendwann so richtig im Griff haben, können sie vielleicht auch Brillen entwickeln, die einen in ein anderes Zeitalter versetzen. Dann wäre vielleicht auch für Markus die Welt endlich so richtig in Ordnung.

Gesichter der Stadt

Ich sitze im Taxi auf dem Weg zum Bahnhof. Überlege, ob ich auch wirklich alles dabeihabe, aber ich kann mich einfach nicht konzentrieren. Denn mein Taxifahrer sieht aus wie Dirk Niebel.

Denke, das muss ja furchtbar sein. Der arme Mann. Obwohl, wenn ich ihn jetzt mal etwas genauer ansehe, soooo ähnlich sieht er dem ja nun auch wieder nicht, wahrscheinlich bemerkt er diese Ähnlichkeit selbst gar nicht. Das ist mir ja quasi genauso gegangen. Ich habe wohl auch lange praktisch so ausgesehen wie Brad Pitt und es selbst gar nicht gemerkt. Erst kürzlich, als eine vermeintliche Freundin zu mir sagte: «Na, wie Brad Pitt siehst du aber auch nicht mehr aus», wurde mir klar, dass da mal eine Ähnlichkeit gewesen sein muss. Tja, die Zeiten sind ja jetzt vorbei. Wobei ich mir ohnehin nicht so viel aus Äußerlichkeiten mache, also zumindest bei mir selbst nicht. Wie ich selbst aussehe, erfahre ich eigentlich immer erst von anderen.

Wahrscheinlich geht es dem Taxifahrer ähnlich. Vermutlich weiß der gar nichts von seiner Ähnlichkeit mit Dirk Niebel, und das ist letzten Endes wohl auch besser so, denn so etwas möchte man ja wirklich lieber gar nicht wissen. Er spricht mich an:

– Ist irgendwas?

– Äh, nein, wieso?

– Na, weil Sie mich die ganze Zeit so angucken, als wenn irgendwas wär.

– Ich? Nein! Nein, ich guck Sie nicht an, warum auch, ich mein, was soll denn schon sein? Warum sollte ich Sie angucken?

– Ist es, weil ich aussehe wie Dirk Niebel?

– Was?

– Dirk Niebel. Starren Sie mich deshalb so an? Weil ich aussehe wie Dirk Niebel?

– Was? Nein! Sie sehen doch nicht aus wie Dirk Niebel, wer sagt denn so was?

– Alle! Alle sagen das. Und Sie, Sie denken das auch! Das sehe ich doch.

– Nein, ich weiß auch gar nicht … Wer ist denn überhaupt dieser Dirk Niebel, von dem Sie da immer reden?

– Sie wissen ganz genau, wer Dirk Niebel ist! Ganz genau wissen Sie das. Das seh ich doch. Schon beim Einsteigen seh ich einem Fahrgast an, ob er mich für Dirk Niebel halten wird oder nicht. Glauben Sie mir, dafür habe ich mittlerweile ein Gespür entwickelt. Nach Talkshows ist es besonders schlimm. Wenn Dirk Niebel irgendwo zu Gast war, dann ist es am nächsten Tag die Hölle. Jedes Mal, wenn ich sehe oder lese, er ist wieder bei Anne Will oder Maybrit Illner oder Frank Plasberg oder wo auch immer eingeladen, habe ich Angst. Weil ich schon weiß, was wieder auf mich zukommen wird. Andererseits hoffe ich aber auch: Vielleicht macht er sich ja einmal nicht zum völligen Idioten, vielleicht sagt er ja einmal was Kluges, was nicht so völlig Bescheuertes oder Widerwärtiges wie normal. Aber nichts. Nie, nichts, niemals kommt was Brauchbares, Angenehmes oder wenigstens Erträgliches aus Dirk Niebel raus. Nie.

Unter Tränen fährt er rechts ran. Dann erzählt er mir seine ganze Geschichte. Dass er eine Familie hatte früher und bei der Bank gearbeitet hat, als Filialleiter. Aber dann sei Dirk Niebel aufgetaucht, in der Politik, dieser Dirk Niebel, der idiotischerweise genauso aussieht wie er. Anfangs haben alle nur gelacht, getuschelt, blöde Witze gemacht. Aber dann haben die Kunden plötzlich das Vertrauen verloren.

183

Nein, von Dirk Niebel will niemand einen Kredit, und erst recht vertraut keiner Dirk Niebel sein Erspartes an. Er hat versucht, seinen Typ zu ändern, stark zuzunehmen, aber dann ist Dirk Niebel prompt auch dicker geworden. Was immer er auch unternommen hat, die Ähnlichkeit mit Dirk Niebel blieb. Dann musste er bei der Bank aufhören und wurde Taxifahrer, aber dadurch wurde alles nur noch viel schlimmer. Jeder Kunde, nach jeder Talkshow, immer das Getuschel, Gelächter, Gestarre … Die Frau habe ihn auch verlassen, er könne es ihr eigentlich nicht verdenken, so angespannt, wie er am Ende war, und dann der Schreck für sie jeden Morgen, immer aufwachen und denken, da liegt Dirk Niebel, Dirk Niebel liegt neben mir im Bett, Dirk Niebel! Das war auch nicht einfach für sie. Seine einzige Hoffnung sei eine Operation, aber die koste Geld, viel, viel Geld, das er nicht habe und … Der Rest seiner Geschichte geht in einem Schluchzen unter.

Ich gebe ihm ein großes, ein richtig großes, ach was, ein riesiges Trinkgeld, steige aus und gehe zu einem anderen Taxi vom Stand gegenüber.

Der Fahrer schaut zu dem Taxi, mit dem ich gekommen bin, und sagt: «Ach Gottchen, hat er wieder seine Dirk-Niebel-Nummer abgezogen?»

«Ja, allerdings, der arme Mann, das muss wirklich furchtbar sein.»

«Na ja, arm, ich weiß ja nicht. Jeden Morgen steht der am Taxistand und schminkt sich ewig, bis er aber auch echt haargenau wie Dirk Niebel aussieht. Jeden Morgen macht der das. Aber na ja, ich glaub, für ihn lohnt es sich schon …»

PS: Die Kriminalpolizei warnt vor professionellen Doppelgängern in der Stadt. Menschen, die ihre große Ähnlichkeit mit Dirk Niebel, Guido Westerwelle, Horst Seehofer oder auch Rainer Brüderle ausnutzen, um gezielt Mitleid zu erzeugen und Geldspenden zu erschleichen. Bitte geben Sie diesen Doppelgängern nichts, unter keinen Umständen, denn bedenken Sie – im schlimmsten Fall könnte es sich um die echten Politiker handeln.

ZWEITER FRÜHLING

Die Ewigkeit dauert lange, besonders
gegen Ende.

Woody Allen, amerikanischer Autor

Der graue Alltag der Revolution

Wir haben eine neue Kaffeemaschine. Also Kaffeemaschine
ist natürlich stark untertrieben. Es ist ein Kaffeevollautomat.
Der kann alles und hat alles. Sogar eine eigene Homepage.
Ich hätte nie gedacht, dass ich mal eine Kaffeemaschine mit
eigener Homepage haben würde. Man könnte auch sagen,
wenn jetzt sogar Kaffeemaschinen ihre eigene Homepage
haben, dann beginnt wohl auch für dieses Zeitalter der tech-
nologischen Revolution der graue Alltag.
Eigentlich war es ein Geburtstagsgeschenk. Von Freunden.
Letztes Jahr haben die Eltern der Freundin mir eine elektrische Saftpresse geschenkt, dieses Jahr bekomme ich einen
hypermodernen Kaffeevollautomaten. Wie es aussieht, arbeiten Freunde und Schwiegereltern an ihrem perfekten
Frühstück. Leider soll es bei mir stattfinden. Vermutlich
kriege ich nächstes Jahr einen Brötchenbackautomaten geschenkt.
Wobei, über diesen Kaffeevollautomaten haben sich schon
alle gefreut. Außer der alten Filterkaffeemaschine vielleicht.
Die war natürlich überhaupt nicht begeistert, als sie mitbekommen hat, wer der neue Küchenbewohner ist. Seitdem
wirkt sie noch missmutiger als früher. Und schon da war sie
eigentlich ständig am Röcheln und Schimpfen.

187

Was mein Kaffeevollautomat so alles im Internet treibt, weiß ich offen gestanden nicht so genau. Das ist wohl ein bisschen wie mit Kindern. Manches will man ja auch lieber gar nicht wissen.

Ab und zu schickt er mir sogar Mails. Das finde ich schön, so bleiben wir in Kontakt. Ist nichts Besonderes, was er mir schreibt, mehr so in der Richtung: Er hat da irgendwo so eine Aromadüse gesehen, das könnte er sich eigentlich ganz gut vorstellen mit dieser Aromadüse, die würde gut zu ihm passen, ich solle mir doch mal überlegen, was ich davon halten würde, wäre auch gar nicht teuer. So was eben. Also mehr Haushaltsgeräte-Smalltalk. Beziehungstratsch im weitesten Sinne.

Darüber hinaus hat der Kaffeevollautomat eine WLAN-Schnittstelle beziehungsweise einen WLAN-Empfänger oder wie immer man das genau bezeichnet. Also in jedem Fall kann der WLAN. Dadurch ist es theoretisch möglich, den Kaffeevollautomaten komplett von unterwegs zu programmieren, sodass in dem Moment, wo man die Haustür aufschließt und in die Wohnung kommt, der frischgebrühte Kaffee fix und fertig und mit allem Drum und Dran im Kaffeevollautomaten auf einen wartet und der Duft, also das Aroma, schon durch die ganze Wohnung strömt und einen verzaubert und direkt in wunderbare Welten und Träume entführt, wo man vom frischen Kaffee begrüßt wird und gleich mit einem Lächeln die Wohnung … also so zumindest steht es auf der Homepage.

Wobei ich mich, wenn ich so etwas lese, doch immer wieder frage: Wer macht denn so was? Also wer programmiert denn seine Kaffeemaschine mit dem Handy von unterwegs? Zumal, wie ich feststellen konnte, wenn man den Kaffee in der Küche mit diesem Automaten selbst, direkt, quasi von Hand macht, dauert das rund fünf Minuten vom Einschalten der Maschine bis zur fertigen, duftenden Tasse, mit allem Pipapo, also Aufheizen, Bohnenmahlen, Kaffeebrühen und so weiter. Fünf Minuten braucht man doch mindestens auch, wenn man normal nach Hause kommt. Bis man mal so richtig da ist. Den Mantel weghängen, die Tasche abstellen, vielleicht nach Post gucken, eventuell das Fenster öffnen, Hallo brüllen, uaarrhhh machen und sich dehnen, was man eben so tut, wenn man nach Hause kommt. Wenn man also als Erstes die Maschine anstellt und dann erst Mantel und Tasche ablegt und uaarrhhh und so weiter macht, dann wäre der Kaffee doch genau zum richtigen Zeitpunkt fertig. Erst recht da, wie ich auch feststellen konnte, das reine Programmieren des Kaffeevollautomaten mit dem Handy von unterwegs mindestens sieben Minuten dauert, und auch das nur, wenn man nichts falsch macht und alles funktioniert, was ja längst nicht immer gesagt ist, selbst dann dauert das reine Programmieren mindestens sieben Minuten. Man verliert also pro Tasse Kaffee ungefähr zwei Minuten Lebenszeit.

Womit sich noch mehr die Frage stellt: Wer in Gottes Namen macht denn so etwas? Wer ist so bescheuert, seine Kaffeemaschine von unterwegs zu programmieren? Sinnlos und ohne Not Lebenszeit zu verbrennen? Wer?

Die außerordentlich traurige Antwort auf diese Frage macht das Ganze allerdings nochmal schlimmer. Denn die außerordentlich traurige Antwort auf diese Frage ist: Ich. Ich mache so was.

Und warum? Weil ich es super finde! Dass man so etwas überhaupt machen kann! Dass das funktioniert, möglich ist! Von unterwegs! Und ich kann das machen! Quasi Zauberei! Großartig!

Allein die Vorstellung: Die anderen sitzen harmlos in der

Küche, und auf einmal springt die Kaffeemaschine an. Huaarrrrhhh! Wie die sich erschrecken! Da möchte man fast noch Kameras installieren. Oder wenn man mit jemand unterwegs ist. Dem kann man dann davon erzählen: «Weißte, was ich hier mache? Was ich hier mache? Das errätste nie. Was ich hier mache? Ich programmiere die Kaffeemaschine! Haha, von unterwegs, haha! So was kann ich. Wirste sehen, wir kommen nach Hause, und der fertige Kaffee, zack!, begrüßt uns schon, wirste sehen! Oder riechen! Hahaaa!!!»

Tragisch ist nur, dass das dann trotzdem alles sinnlos ist, wenn man vergessen hat, vor dem Verlassen der Wohnung eine Tasse in die Maschine zu stellen. Eine bittere Erfahrung. Gerade wenn man mit jemandem unterwegs war. Denn diese Geschichte hört man von da an vermutlich sein Leben lang: «Weißte noch, wie wir damals unterwegs waren, und du hast dich die ganze Zeit so dicke getan mit deinem Programmieren, von unterwegs die Kaffeemaschine Programmieren! Tätärätätää! Und dann machste die Tür auf und brooaahhh – was war das 'ne Sauerei, was? Und das hat gestunken, weißte noch, und dein Gesicht! Boah, war das super! Wie du geguckt hast. Weißte noch, weißte noch?»

Ja, ich weiß noch. Der Vorfall ist jetzt höchstens sechs Wochen her, aber ich habe die Geschichte bestimmt schon dreißigmal von Neuem erzählt bekommen. Und jedes Mal wird die Sauerei größer und der Gestank schlimmer und mein Gesicht noch bescheuerter.

Das Reinigen der Maschine hat dann übrigens anderthalb Stunden gedauert, was nochmal verdeutlicht: Bei allen Vorzügen, Zeit spart dieser Kaffeevollautomat nun wirklich nicht. Aber das habe ich auch nicht erwartet. Bei all meinen Geräten, mit denen ich Zeit sparen wollte, habe ich sehr lange gebraucht, bis ich mit dem Zeitsparen anfangen konn-

190

te. Grundsätzlich könnte ich sagen: Diese ganze Zeitsparerei dauert mir einfach viel zu lange. Zumal beim Kaffeevollautomaten auch noch eine andere Problematik dazukommt: Seit ich ganz schnell, auf Knopfdruck quasi, wunderbaren Kaffee machen kann und das auch ständig nutze, verbringe ich mindestens dreimal so viel Zeit auf der Toilette. Aber dies nur am Rande.

Zumeist muss man ja, bevor eine neue Technologie einem ganz viel Zeit im Leben einspart, eine Art Zeitkredit aufnehmen. Eine gewaltige Summe an Minuszeit, die man sich dann über Jahre Stück für Stück wieder zusammensparen muss. Bei einigen Geräten ist man aber auch irgendwann in einer Zeitschuldenfalle gefangen, aus der man nicht mehr rauskommt, weil man ständig neue Zeitkredite aufnehmen muss. Drucker oder Router beispielsweise zwingen häufig zur Aufnahme gewaltiger Zeitkredite. Die mit einigen elektronischen Geräten verknüpften Zeitsparmodelle erinnern frappierend an die Finanzierungsmodelle amerikanischer Häuslebauer.

Auch der Kaffeevollautomat hat natürlich zunächst gar nicht funktioniert. Aber dafür gab es ja so ein praktisches Soforthilfeprogramm auf der Homepage. Mit dem kann man selbst ganz einfach, schnell und unkompliziert den Fehler herausfinden und beheben. So zumindest stand es auf der Homepage. Diese Soforthilfe hat mich sehr beeindruckt.

Es dauerte circa zwanzig Minuten. Zwanzig Minuten, in denen mich das Programm Sachen fragte. Als Erstes beispielsweise: «Ist das Gerät eingeschaltet?» Dazu zeigte es mir Bildchen, ein Bild mit Schalter auf «ein», ein Bild mit Schalter auf «aus». Dann die Frage: «Wie sieht Ihr Schalter denn aus?» Die nächste Frage: «Ist der Stecker eingesteckt?» Wieder Bildchen! Stecker in Steckdose und daneben ein

Bild mit leerer Steckdose. «Sieht Ihre Steckdose wie auf Abbildung ‹B› aus?» Es folgten weitere Fragen. «Ist die Stromversorgung sichergestellt?» – «Haben Sie die Stromrechnung bezahlt?» – «Gucken Sie doch mal aus dem Fenster! Haben die anderen Wohnungen in Ihrem Viertel Strom?»

Nach diesen zwanzig Minuten, in denen die Soforthilfe und ich nichts weiter festgestellt hatten als «Ja, das Gerät ist eingeschaltet! Ja, der Stecker ist eingesteckt! Ja, die Sicherung ist drin, und ja, die Stromversorgung ist sichergestellt», konnte ich endlich auf «Weiter» klicken und erfuhr: «Die Soforthilfe kann den Fehler leider nicht beheben. Wenden Sie sich bitte an Ihren Fachhändler!» Fassungslos dachte ich: Was sind das eigentlich für Leute, denen diese Soforthilfe hilft? Für wen wurde die entwickelt beziehungsweise was für ein Bild haben die Hersteller eigentlich von ihren Kunden? Welchen Markt sprechen Kaffeevollautomaten an?

Einen Fachhändler gab es übrigens nicht. Die Freunde haben schnell erklärt, dass sie das Gerät supergünstig ersteigert hätten, fabrikneu selbstverständlich. Es war wohl irgendwie vom Laster gefallen oder so. Fachhändler wäre in dem Falle höchstens der Fahrer gewesen. Aber da hatte jetzt auch keiner eine Telefonnummer.

Dann wurden Leute aktiviert, die sich «mit so was» auskennen. Es gibt ja immer Leute, die sich auskennen, aber die haben den Vollautomaten auch nicht wieder in Gang gebracht. Geschafft hat es schließlich ein Haushaltsgerätepsychologe, eine Art Seelsorger für Küchengeräte, ein Küchenpsychologe quasi. Der hat mit meinen Küchengeräten so eine Familienaufstellung nach B. Hellinger gemacht und dabei tatsächlich herausgefunden, dass dieser Kaffeevollautomat nun einmal nicht funktionieren kann, solange er neben der alten Filterkaffeemaschine steht. Eigentlich logisch, weil die ihn ja auch

immer beschimpft und ihm ein schlechtes Gewissen einge-
redet hat. Da fühlte der Kaffeevollautomat sich einfach unwohl.

Wir haben die Filtermaschine dann ins Badezimmer gestellt,
und seitdem funktioniert alles. Die Filtermaschine ist dort
zwar sehr unzufrieden und meckert nur noch rum: «Weiß
nicht, was ich hier soll! Hier hat noch keiner einen Kaffee
getrunken! Noch keiner! Meines Erachtens völlige Fehlent-
scheidung! Völlig!» Aber der Kaffeevollautomat ist seitdem
richtig aufgeblüht. Es gibt eben doch mehr Dinge zwischen
Himmel und Erde, als man so meint.

Als die Freundin kürzlich fragte, ob mein Leben nun durch
den funktionierenden neuen Kaffeeautomaten eigentlich
schöner geworden sei, antwortete ich wahrheitsgemäß:
«Weiß nicht. Vielleicht.» Aber was ich ganz sicher weiß:
Wenn er wieder weg wäre, dann würde sich mein Leben sehr
viel unschöner anfühlen. Und das macht mir manchmal ein
bisschen Angst.

Das Geheimnis von Schottland

Ich war zuvor noch nie in Schottland. Mehrfach bin ich schon nach England gereist, aber bis nach Schottland hatte ich es noch nie geschafft, und das war ein Fehler. Ich hatte ja keine Ahnung, was ich verpasse. Schottland ist großartig. Ich bin aufrichtig begeistert.

Die Schotten sind sehr freundliche, extrem höfliche, diskrete und trotzdem erfreulich herzliche Menschen. Ein wunderbares Volk, aber sie sind nicht der wesentliche Grund, warum mich Schottland so verzaubert hat. Auch die Landschaft ist es nicht, obwohl sie ohne Frage von atemberaubender, regelrecht verwunschener Schönheit ist. Dazu die Hauptstadt Edinburgh, die sicherlich zu den zwanzig reizvollsten und mit Sehenswürdigkeiten vollgestopftesten Städten der Welt gehört. In wohl allen Reiseführern dieser Welt steht übrigens, die Einheimischen würden ihre Stadt Edinbourough nennen. Ein Einheimischer versicherte mir jedoch, dies stünde nur in den Reiseführern, damit die Einheimischen besser Touristen erkennen könnten. Nämlich daran, dass sie beständig und in großer Penetranz Edinbourough zu ihrer Stadt sagen. Speziell Deutsche hätten dabei oft auch die Angewohnheit, die Einheimischen zu verbessern. Weshalb sie einen Schotten, wenn der in seiner leicht sprachschnoddernden Art «Edinbooohhhrrr ...» sagt, gern und freundlich darüber unterrichten, dass es ja eigentlich richtigerweise Edinbourough heiße.

Dabei haben die Schotten nur eine ausgesprochene Vorliebe für O-R-Laute, gesprochen «oooorrrhhhh». Sprachtechnisch haben sie wohl das Ziel, grundsätzlich alle Vokale durch O-R-Laute zu ersetzen. Wenn es nur genügend Oooorrrhhhh-Laute gibt, dann fühlen sich die Schotten

in ihren Sätzen wohlbehütet und heimisch. So sagen sie
eben nicht: «Where do you come from?», sondern «Woor
door jouoor coorm frroorrmm?», und wenn man dann sagt
«From Berlin», dann werden sie sagen: «Oorrhhh, Böörrlöörrn, greöörrt toorrrnnn, oiirr loorve Böörrlöörrn!», und
wenn man dann antwortet «Orrnd oirr lorrve Öördörnboooorrrrhhh», dann hat man wirklich einen Freund gewonnen. Für immer!!! Doch auch diese schöne, gelassen
vor sich hin knödelnde Sprache ist nicht der tiefere Grund
meiner Schottland-Bewunderung.

Das wohl berühmteste Vorurteil, Schotten seien geizig, ist
übrigens völliger Quatsch. Geiz würde ja bedeuten, dass sie
ihr Geld um jeden Preis behalten wollen oder erst einmal
möglichst viel Geld anhäufen, das sie dann um jeden Preis
behalten wollen. So sind sie aber überhaupt nicht. Sie können nur Verschwendung oder das, was sie für Verschwendung halten, ganz, ganz schwer ertragen. Es scheint ihnen
geradezu körperliche Schmerzen zu bereiten.

Immer wieder handelten wir uns aufgrund der Höhe unserer
Trinkgelder tadelnde Blicke, verständnisloses Kopfschütteln
oder offene Kritik ein. Weil sie es zu viel fanden, weil sie
unseren unvernünftigen, verschwenderischen, zügellosen
Umgang mit Geld nicht mit ansehen konnten. Kellner oder
Wirte, denen ich wirklich ganz normales, deutschlandüb-
liches Trinkgeld gegeben habe, redeten auf mich ein, ich solle
endlich zur Vernunft kommen. Meist haben sie dann in ihrer
Not dem Kind noch schnell ein paar Süßigkeiten zugesteckt,
die im Regelfall viel mehr wert waren als das Trinkgeld.

Der Taxifahrer, der uns von der Fähre zum Hotel fahren sollte, hat uns unter Tränen den Busplan zu erklären versucht:
«Yooorr shoorrrld toorrrrke the booorrsss, it iss aör loorrng
distoorrnce.» Als wir darauf bestanden, mit seinem Taxi zu

fahren, war er zu höflich, das abzulehnen, und als wir ihm dann auch noch kaltherzig fast zwei Pfund Trinkgeld aufdrängten, er aber keine Süßigkeiten für unsere Tochter zur Hand hatte und Zigaretten ihm als Geschenk unpassend für sie erschienen, hat er uns stattdessen dann schnell einen kleinen Edinburgher Stadtplan mit den wichtigsten Sehenswürdigkeiten gemalt.

Mit einem anderen Taxifahrer, der 8,80 auf der Uhr hatte und dem ich zehn Pfund geben wollte, musste ich ungelogen zwei Minuten lang feilschen, bis er endlich bereit war, den Schein anzunehmen. Jedoch nicht ohne mir zu versichern, er würde die Hälfte des Trinkgeldes dem Sportverein seines Sohnes spenden. In Berlin kaum vorstellbar.

Doch auch dieser Stolz, diese Geradlinigkeit der Schotten, ist nicht der entscheidende Grund, warum ihr Land so etwas ganz Besonderes ist. Nein, das große Geheimnis, das Allerbeste, Herausragendste an Schottland ist: die schottische Küche!

Wer die englische Küche kennt, der fürchtet sie. Zu Recht. Und warum fürchtet er, kulinarisch gesehen, nichts so sehr wie die englische Küche? Weil er die schottische Küche noch nicht kennt.

Die schottische Küche ist fett und extrem fleischlastig, aber auch fett und total eintönig, außerdem fett, völlig weißmehlfundamentiert, ausgesprochen fett, absolut vitaminfrei, weil komplett verkocht, und zudem noch sehr, sehr, sehr fett. Wie soll man das zusammenfassen? Ich würde mal sagen: Also, mir schmeckt's! Ziemlich gut sogar, aber gesund, neenee, gesund ist das nicht.

Zur Veranschaulichung einige Beispiele für die schottische Küche: Als ich am ersten Morgen beim Frühstück im Hotel fragte, ob es auch Vollkornbrot gebe, sagte die sehr, sehr nette Hotelfrühstücksfrau: Also Vollkornbrot in dem Sinne hätten sie zwar nicht, aber sie könnten den Toast gern zweimal für mich toasten, sozusagen ganz dunkel, das sei dann ja so ähnlich wie Vollkornbrot.

Beispiel zwei: Nach drei Tagen wollten wir doch mal wieder etwas gesünder und ausgewogener essen. Die Chance, ausgewogenes und relativ gesundes Essen zu bekommen, erschien uns in Schottland noch am größten bei einer weltweit operierenden Fastfoodkette. Wir mussten allerdings feststellen, dass selbst diese Fastfoodkette dort irgendwie schottisch kocht und brät, also nochmal fetter und vitaminärmer als ohnehin schon anderswo in der Welt.

Beispiel drei: Als die Freundin einen Schotten nach einem Bioladen fragt, also nach «organic food», sagt er nicht etwa «Weiß ich nicht!» oder beschreibt einfach den Weg, nein, er sagt: «Orr, youuoor corrrme frorrm Göörrmöörny! Oiee loorve Göörrmöörny!» Ich sage: «Orrnd Oirr lorrve Öördörnboooorrrrhhh.» Zack!, wieder einen Freund gewonnen.

Es gibt aber tatsächlich einen Bioladen in Edinböööörööh, und der hat sogar Vollkornbrot. Nachdem wir es gekauft und probiert haben, beschließen wir dann doch, den Rest der Woche Toastbrot zweimal zu toasten.

Ernährungstechnisch gesehen, ist die schottische Küche eine einzige Katastrophe. Und das sieht man den Schotten leider auch ein bisschen an. Einigen, nicht so wenigen, sieht man es sogar ziemlich stark an. Und genau aus diesem Grund ist Schottland so großartig. Denn zum aller-, allerersten Mal in meinem Leben war ich im Frühling in einer Stadt, in der ich zur schlankeren, schon auch irgendwie gesünderen, ja sogar attraktiveren Hälfte der Bevölkerung zählte. Mehr noch, man kann vielleicht sogar sagen: oberes Drittel. Phantas-

197

tisch, so fühlt sich das also an. Das war wirklich interessant. Ein echter Urlaub von sich selbst, quasi. Und das auch noch, ohne sich zu verändern. Das ist mal eine richtig intelligente Diät. Man selbst muss keinen sinnlosen Sport treiben und auch nicht hungern, sondern die anderen werden einfach gefüttert. Es ist eben alles relativ.

Das ist Lebensqualität, so gesehen ist Schottland ein richtiges Wohlfühlland. Ein richtig guter Reisetipp für den Frühling. Und geflirtet wird da in Schottland, meine Herren, auch mit mir wird da geflirtet, aber hallo, also wenn man da jetzt nicht mit der Familie unterwegs wäre, na ja, kann man nichts machen. Was da möglich wär. Aber frag nicht nach Sonnenschein, wobei, nach Sonnenschein fragt man vielleicht besser sowieso nicht in Schottland. Vom Wetter her ist es doch eher windig, aber was da flirttechnisch möglich wäre, man mag nicht drüber nachdenken.

Auf dem Rückflug sagt die Freundin beiläufig, sie möchte nächsten Frühling nochmal nach Schottland, aber dann allein oder mit einer Freundin. Ich denke, da sagste jetzt mal nichts zu. Gar nichts wirst du sagen. Du wirst einfach mit der Würde eines Schotten schweigen. Und wie ich noch so denke, dass ich jetzt einfach mal überhaupt nichts sagen werde, da höre ich mich auch schon wieder reden: «Na, dann nehmt euch aber lieber ordentlich Vollkornbrot mit!»

Immerhin, ich hätte auch noch viel dämlichere Sätze sagen können. So ein bisschen schottischer göörrrntlemöörrn ist vielleicht doch hängengeblieben.

Kinderträume

Seit ein paar Wochen hat sich im Hort, also da, wo die Kinder nach der Schule den Nachmittag verbringen, etwas verändert. Es sind die Jungs, die sich plötzlich nicht mehr artgerecht verhalten. Statt ihren traditionellen Tätigkeiten und Pflichten im Hort nachzugehen, also rumrennen, rumschreien, rumprügeln, rumwerfen – sowohl sinnlos Sachen wie auch sich selbst – und dann schließlich rumheulen, haben sie auf einmal das Rumsingen für sich entdeckt. Eine der Erzieherinnen vermutete schon, Uri Geller oder einer seiner Nächsten habe irgendwie eine Fern-Massenhypnose durchgeführt und nun Gewalt über die Gesangsstimmen der Jungs, aber niemand hat auch nur die geringste Idee, warum Uri Geller oder sein Padawan Derartiges tun sollte. Zumal die Jungs ausschließlich Lieder von Peter Fox singen.

Schon im Treppenhaus höre ich Timo trällern. Ich muss leider lachen. Ich will Timo nicht verletzen, aber es hat schon eine mächtige Komik, wenn neunjährige Jungs wie Timo die Zeilen singen: «Komm aussem Club, war schön gewesen. Stinke nach Suff, bin kaputt, is 'n schönes Leben.»

Aische, eine Mutter, die ich auf der Treppe treffe, schüttelt auch lachend den Kopf: «Ich verstche es nicht, die Siebener-Reihe aus dem kleinen Einmaleins können sie sich nicht merken, aber diese Texte haben sie alle bis auf die letzte Silbe auswendig drauf.»

Die Peter-Fox-Zeile, die es den acht- bis zehnjährigen Jungs offensichtlich am allermeisten angetan hat, ist aus «Haus am See» und wird oben auf dem Flur gerade wieder von Murat gesungen: «… isch hab zwanzig Kinder, meine Frau ist schön.» Diese Vorstellung scheint die Jungs völlig zu begeistern. Da sind sie in ihren Traumwelten dann wohl doch eher konservativ-spießig. Manchmal, wenn sie es, wie jetzt schon wieder Sergej, in Richtung der Mädchen singen, klingt es fast wie eine Drohung: «… isch hab zwanzig Kinder, meine Frau ist schön.»

Die Mädchen verdrehen die Augen und wenden sich gelangweilt ab. Nur Malina schaut Sergej herausfordernd an: «Dafür hat deine Frau dann aber einen hässlichen Mann.» Sergej rennt weg.

«Ach», sagt Aische, «noch können sie die Jungs so einfach vertreiben.» Ich weiß nicht genau, was sie damit meint, traue mich aber nicht nachzufragen.

Sergej ist mittlerweile unten auf dem Hof angekommen und prügelt sich dort mit ein paar anderen Jungen. Sie haben sichtlich Spaß. Wahrscheinlich war das mit diesem Rumsingen doch auch nur so eine Phase.

Sportstadt Nummer eins

9. Mai, Sonntagnacht, 1.30 Uhr in Berlin-Kreuzberg. Warte in der Schlange vor einer Currywurstbude. An einem der Stehtische drei Meter weiter steht ein angetrunkener Mann und diskutiert pantomimisch mit der Schwerkraft. Also er schwankt in einer Amplitude, dass man mehrfach fürchtet, er könne jeden Moment mit dem Gesicht in seine Currywurst fallen. Eigentlich versucht man sogar, nicht zu ihm hinzuschauen, um nicht überlegen zu müssen, ob es überhaupt eine kluge Entscheidung von ihm war, jetzt noch eine Currywurst zu essen. Also, ob diese Currywurst in seinem Falle überhaupt noch eine bleibende Anschaffung ist. Oder ob die sich nicht eigentlich von vornherein eher auf der Durchreise befindet. Doch es gehört zu den Phänomenen, zum Wunderbaren an nächtlichen Currywurstbuden, dass selbst solche Kunden überraschen können. Wenn sie plötzlich, wie aus dem Nichts, so ein inneres Leuchten bekommen, ein inneres Leuchten, das sie bald in einer Weise strahlen lässt, die allen schnell klarmacht, hier wächst eine Erkenntnis, eine Wahrheit, die sich ihren Weg bahnt, die nicht mehr aufzuhalten ist und die schließlich dazu führt, dass der gerade noch so bedauernswerte Mann die Stimme erhebt und zu den staunenden Menschen spricht:

«Gute Currywurst hier. Sehr gute Currywurst. So eine gute Currywurst bekommt man sonst vielleicht höchstens noch – in Hamburg. Großartige Stadt! Hamburg! Ich war heute in Hamburg! Großartige Stadt! Ganz Hamburg hat da heute den Bundesliga-Aufstieg von St. Pauli gefeiert. Ganz Hamburg! Jetzt hat Hamburg zwei Bundesligavereine. Ganz toll! Es gibt andere Städte, die sind vielleicht sogar größer, vielleicht sogar ein bisschen wichtiger – und wie viele Bundesligisten haben die? Wer will mal raten? Aber Hamburg, Hamburg hat natürlich zwei Bundesligavereine. Hoffenheim! Hoffenheim hat fünfunddreißigtausend Einwohner. Also eigentlich nicht mal Hoffenheim, sondern Sinsssssheim! Die eigentliche Stadt heißt ja Sinssssheim! Sinsssssssheim hat fünfunddreißigtausend Einwohner und mehr Bunnnsssligissssten als Berlin. Allein in einer Straße! Zum Beispiel: Landsberger Allee! Landsberger Allee in Marzahn! Da wohnen mehr Menschen als in gansssss Sinssssheim! Wie kann eine Stadt so viele Straßen haben wie Berlin, und nirgends wohnt mal einer, der Fußball spielen kann? Mainzssss! Kaissessssslautern! Mö-ö-ö-nnnchengladbach und Wolffffsburg!!! Die haben zusammen! Zusammen! Zusammen haben die weniger Einwohner als Neukölln!!! Und jedes einzelne Kaff hat mehr Bunnnnsligisten als ganz Berlin. Die ganze Welt lacht über uns. Die ganze Welt. Und Europa!!! Fulham! Fulham!!! Ikea-Tempelhof verkauft an einem Samstagvormittag mehr Hot Dogs, als ganz Fulham Einwohner hat. Und die waren im Europapokalfinale! Also Fulham, nicht Ikea-Tempelhof! Ganz Sinsssssheim, also die ganze Stadt Sinssssheim, passt zweimal ins Olympiastadion. Und das wär noch nicht mal ausverkauft!!! Aber die haben mehr Bunnnnsligisten als Berlin, einschließlich Brandenburg! Und Mecklenburg-Vorpommern! Und Rügen! Wie kann das sein? Wahrscheinlich war es nur diese Bescheidenheit. Das kann sein. Diese verdammte, typische Berliner Bescheidenheit. Dieses: Wir hamm hier doch schon alles! Hier ist doch schon alles so toll. So schöööönnn! Jetzt sollen auch mal die annaaarreeen!!! Das kann sein, also München zum Beispiel, die hamm ja sonst nichts. Dann lass denen doch wenigstens den Fußball. Da is ja sonst nichts groß, wenn die nicht wenigstens den Fußball hätten, wer wollte

denn da wohnen? Da muss doch auch einer wooohnen!!!
Das wird es sein. Diese verdammte, typische Berliner Höf-
lichkeit! Aber nach außen sieht das dann natürlich aus, als
wären wir zu doof zum Fußballspielen!»
Plötzlich erstarrt sein Blick, als versuche er, jeden Einzelnen
zu fixieren, um sicher zu sein, dass seine letzte große Botschaft auch wirklich verstanden wird. Als er dann der unge-
teilten Aufmerksamkeit aller nächtlichen Kunden und der
Currywurstbuden-Belegschaft gewiss ist, brüllt er:
«Will einer meine Wurst? Ich kann nicht mehr!»
Keine Reaktion. Er nickt verständnisvoll, schiebt die Papp-
schale noch ein bisschen weg, Richtung Tischmitte, dreht
sich um und bewegt sich dann in Halbkreisen in die dunkle
Nacht hinaus. Das verblüffte Publikum schaut ihm nach,
Einzelne klatschen.

World of Mother

Holger sagt, er würde einen Menschen kennen, der, obwohl er in Berlin und seine Mutter in Heidenheim in der Nähe von Ulm lebt, jeden Mittwoch gemeinsam mit seiner Mutter zu Abend isst. Per Videokonferenz. Die Mutter kocht in Heidenheim, teilt dann das Essen auf, tuppert beide Hälften ein, bringt eine zur Post, und schickt sie nach Berlin. Spätestens zwei Tage später bekommt der Junge das Päckchen, wärmt das Essen zur verabredeten Zeit am Mittwochabend auf, zu der auch die Mutter ihre Hälfte aufwärmt, sodass beide dann gemeinsam, eben per Videokonferenz, zu Abend essen können. Das von der Mutter gekochte Gericht. Seit zwei Jahren machen sie das schon so. Jeden Mittwochabend hat der Mann quasi ein Stückchen Heimat, ja sogar Kindheit zurückgewonnen.

Versuche mir vorzustellen, was die Freundin dazu sagen würde, wenn jeden Mittwoch ein Paket mit einem eingetupperten Gericht meiner Mutter käme, das wir dann per Videokonferenz zusammen mit ihr essen würden. Ich glaube, sie würde es seltsam finden. Schon deshalb, weil meine Mutter seit fünf Jahren tot ist. Andererseits würde das diesen Essenspaketen natürlich nochmal eine ganz eigene Aura verleihen.

Holger sagt, das sei doch ein Riesenmarkt, eine super Geschäftsidee.

Ich sage: «Was? Eingetuppertes Essen verschicken? Vielleicht zusätzlich mit Gerüchen aus der Küche und dem ganz eigenen Duft der elterlichen Wohnung, abgefüllt in Ampullen oder Gläsern, um das wärmende Heimatgefühl bei den Bildtelefonaten oder den Videokonferenzen noch zu verstärken?»

Ich kenne die Geschichte von einem jungen Vater, der viel auf Geschäftsreisen gehen musste, oft auch mehrere Tage lang. Aus Heimweh nach dem Kind hat er sich, sagt man, getragene Originalwindeln nachschicken lassen, wo er dann … Doch das ist vielleicht auch nur so eine moderne Legende.

«Das kann man natürlich auch machen, also das mit dem eingetupperten Essen», sagt Holger, «aber der Riesenmarkt, das sind die Mütter, also virtuelle Mütter. Millionen von Menschen verbringen tagtäglich weltweit viele, viele Stunden bei irgendwelchen Online-Rollenspielen im Internet. Alles gibt es da, von World of Warcraft bis zu irgendwelchen Tamagotchi-Varianten. Was es jedoch noch nicht gibt, das ist so eine Art virtuelle Mutter-Simulation. World of Mother! WOM!!!» Holger wippt wieder. Immer wenn er meint, er habe eine ganz besonders gute Idee, beginnt er rhythmisch zu wippen. Frage ihn, ob seine Warzenbesprechungspraxis nicht mehr laufe oder warum er schon wieder einen neuen Hamster ins Rad schicken will.

Er sagt, die Warzenpraxis laufe super, aber eben auch von allein, da habe er Kapazitäten frei und diese Idee sei ja wohl brillant: «Verstehste, Horst, bei meinem Onlinespiel muss man nicht ein virtuelles Haustier, eine Farm oder ein kriegerisches Dorf versorgen, sondern man versucht, bei einer virtuellen Mutter Punkte zu sammeln. Dafür gibt es viele Möglichkeiten: Zimmer aufräumen, Abwasch machen, Fenster putzen oder ähnliche Sachen, die einer Mutter gefallen.»

Um Holger einen Gefallen zu tun, nicke ich und sage: «Toll. Du bist garantiert der Erste und Einzige, der diese Idee hat.»

Holger hört mich schon gar nicht mehr. «Verstehste, Horst? Das Besondere ist, statt eines virtuellen Wesens umsorgt man praktisch sich selbst, bekommt dafür dann aber Punkte. Damit man auch das Gefühl hat, dass es sich lohnt, wenn man etwas für sich tut. Dieses Gefühl erhält man durch die Punkte, verstehst du?»

Jetzt wird sein Wippen fast zu einem Hüpfen. Um nicht Gefahr zu laufen, dass er mir das Ganze noch einmal noch ausführlicher und noch höher springend erzählt, lüge ich: «Ja, ich verstehe genau, was du meinst. Das ist eine außergewöhnliche Idee.»

Tatsächlich denke ich jedoch, so ein idiotisches Computerspiel können sich nur Eltern ausdenken. Obwohl, wenn man die Leistungen wie Zimmer aufräumen oder ein Musikinstrument üben etwa mittels einer Digitalkamera nachweisen müsste, dann könnte man für das Spiel vielleicht Fördergelder vom Innenministerium bekommen. Oder eventuell auch von «Google Home View». Trotzdem bestätige ich Holger in seinem Enthusiasmus, weil ich noch immer ein schlechtes Gewissen habe, da ich ihm vor Jahren mal eine seiner schwachsinnigen Ideen ausgeredet habe. Damals wollte er irgendwie so weltweite soziale Netzwerke im Internet etablieren, wo man sich präsentieren, austauschen und Freunde sammeln kann. Lauter so Zeug. Ich habe ihm damals schlüssig erklärt, was für ein kompletter Schwachsinn das ist. Für so einen Blödsinn würde sich doch keiner interessieren, und ohnehin wäre niemand so bescheuert, so viele Daten und private Informationen von sich ins Netz zu stellen. Er hat es dann gelassen, aber der relative Erfolg von diesem Facebook kurze Zeit später hat meine Ratschläge in seinen Augen doch für einige Zeit etwas entwertet.

Wobei, die Idee mit dem eingetupperten Essen und den abgefüllten Küchengerüchen, das ist etwas, wo ich mir auch vorstellen könnte, mal was zu investieren.

Sintflut für alle

– Was sind denn das für Vampire?
Julia sitzt in meiner Küche und schimpft. Sie ist richtig wütend. Sie sieht süß aus, wenn sie wütend ist.
– Man kann doch nicht mit Vampiren machen, was man
will. Die müssen doch irgendwie urheberrechtlich oder gat-
tungstechnisch geschützt sein. Oder nicht? Man muss die
doch schützen können!
Ich sage:
– Julia, wenn du so wütend bist, dann siehst du richtig süß
aus.
Sie nimmt den Klotz Butter vom Teller und wirft ihn mir an
den Kopf. Ich lächle. Manchmal finde ich es ganz hübsch,
mit fettigen Lebensmitteln beworfen zu werden. Irgendwie
fühlt sich da nochmal fünfundzwanzig Jahre jünger.
Julia war mit ihren Nichten im Kino gewesen. In «Twilight»,
der Verfilmung von diesen Mords-Super-Wahnsinns-Vam-
pirweltbestsellern: «Bis(s) zum Morgengrauen», «Bis(s) zur
Dämmerung», «Bis(s) die Schwarte kracht», «Bis(s) keiner
mehr steht», «Bis(s) der alte Holzmichel noch lebt» und
«Bis(s) was weiß ich, wie die nicht noch alle heißen». Eben
die Vampirromane von Stephenie Meyer, einer Mormonen-
frau, die diese Geschichten erfunden hat, in denen eine junge Frau einen total gutaussehenden Vampir liebt. Dagegen
ist nichts zu sagen. Allerdings sieht der Vampir nicht nur
total gut aus, sondern ist zudem extrem gut erzogen, extrem
höflich, extrem anständig, beißt niemals Menschen und vor
allen Dingen: Er lehnt Sex vor der Ehe ab. Sozusagen ein
Mormonenvampir. Das ist zu viel für Julia:
– Was, bitte schön, ist das denn? Ein Vampir, der vorehelichen Geschlechtsverkehr ablehnt? Na super! Hat die eigent-

lich einen Moment lang überlegt, warum man sich Vampire überhaupt ausgedacht hat? Wofür die eigentlich symbolisch stehen? Wenn ich schon einen Vampir am Hals habe, will ich doch zumindest auch, dass der … dass der … Ich meine, das ist doch wohl mein gutes Recht, dass der dann auch …

Ich schließe das Küchenfenster. Julia ist irritiert.

– Was soll das? Ist dir peinlich, was ich erzähle?

– Nein, mir war nur kalt.

– Horst, es ist draußen wärmer als hier drinnen.

– Na gut, dann war mir eben heiß.

Ein kurzes Blitzen in ihren Augen, dann klatscht ein Löffel Marmelade gegen meine Stirn. Alles, was recht ist, aber zielen kann sie wirklich. Julias aktueller Freund mag es nicht, wenn sie ihn mit Lebensmitteln bewirft, auch nicht, dass sie so laut pöbelt und schimpft. Da sie ihn ansonsten aber sehr gern hat und die junge Beziehung nicht unnötig belasten möchte, hat sie mich gefragt, ob sie nicht einmal die Woche zu mir zum Pöbeln und Sachenwerfen kommen kann. Ein sogenanntes Schimpffrühstück. Sie bringt alles fürs Frühstück mit, erledigt noch ein paar Büroarbeiten für mich, und dafür darf sie dann aber auch anderthalb Stunden lang laut und hemmungslos schimpfen und mit Lebensmitteln werfen. Ohne dass irgendjemand beleidigt wäre. Das funktioniert super. Wir haben schon überlegt, ob wir nicht wöchentlich große Schimpfrunden für bis zu zwanzig Teilnehmer anbieten sollten. Sozusagen professionell, gegen Eintritt, Frühstück inklusive. In einer Zeit der Finanzrettungsschirme und Abwrackprämien, der Atomkraftwerklaufzeitverlängerer und Besserverdienendenbeschützer, der Bahnprivatisierer und Ölplattformkatastrophenverursacher müsste es doch eigentlich immensen Bedarf an solchen Schimpffrühstücken geben.

Mit einer beschmierten Brötchenhälfte, die auf meinem Kopf landet, lenkt Julia meine Aufmerksamkeit wieder auf sich:

– Echt ey. Vampire, die vorehelichen Geschlechtsverkehr ablehnen. Was kommt als Nächstes? Macht ein katholischer Reptilienfreund einen Film, in dem Godzilla leise, freundlich, ganz vorsichtig auf Zehenspitzen durch New York tänzelt, ohne irgendwas kaputt zu machen? Und jedes Mal, bevor er jemanden frisst, spricht er noch voller Demut und Dankbarkeit ein Tischgebet?!

Es klingelt. An der Tür. Ich gehe hin und öffne. Ein Mann steht davor. Er starrt mich an:

– Guten Tag, Herr, äh … er schaut aufs handgeschriebene Klingelschild, Eppers.

Ich nicke ihm zu.

– Ja?

– Ääh, Herr Eppers, wissen Sie, dass Sie eine Brötchenhälfte auf dem Kopf haben?

– Ja.

– Und an der Stirn …

– Das ist Marmelade und Butter.

– Hm. Sie sind nicht besonders geschickt beim Essen, oder?

– Geht so. Was gibt es denn?

– Ich komme von der Initiative «Sintflut jetzt!», wir sammeln Unterschriften für eine möglichst bald und unverzüglich durchzuführende neue Sintflut auf dieser Erde.

– Ach, wer schickt Sie denn?

– Gott.

– Gott?

– Ja, Gott.

– Gott sammelt diesmal Unterschriften für seine Sintflut?

– Ja, Gott will demnächst viel mehr mit direkter Demokratie, Volksbegehren und so arbeiten.

– Soso, gibt es denn überhaupt ein «Demnächst», wenn die Mehrheit für die Sintflut stimmt?

Er stutzt, denkt kurz nach und sagt dann:

– Ach, jetzt machen wir erst mal die Sintflut, und dann sehen wir weiter.

Julia brüllt von hinten:

– Der soll in die Küche kommen! Der kriegt von mir auch 'ne richtige Unterschrift!

Der Mann schaut irritiert. Ich sage:

– Ach, gehen Sie einfach durch, dann sehen Sie schon.

Als er die Küche betritt, höre ich die Butter auf seine Stirn klatschen. Ist schon auch praktisch, eine eigene Art Sintflut bei sich in der Wohnung zu haben.

Im Schlafen genial

Seit rund fünfzehn Jahren lege ich jede Nacht einen Stift und einen Notizblock neben mein Bett. Nur für den Fall, dass ich mal mitten in der Nacht eine richtig gute Idee habe. Heute kann ich wirklich sagen, dass es eine sehr gute Entscheidung war, mir diesen Block neben das Bett zu legen, denn nur dadurch weiß ich ganz genau: Ich hatte in den letzten fünfzehn Jahren keine einzige gute Idee mitten in der Nacht.

Zwar schreibe ich immer mal wieder etwas auf in der Nacht, also quasi im Schlaf, ein Umstand, der mir einiges über mein Unterbewusstsein verrät. Aber diese Erkenntnisse sind meistens eher irritierend. Vor kurzem fand ich am Morgen auf meinem Block die Notiz: «Idee für eine Fernsehsendung: Bauer kocht Frau!» Wenn ich auf solche Notizen von mir stoße, bin ich schon auch irgendwie froh, dass ich mich praktisch nie an meine Träume erinnere.

Vor Jahren konnte ich, nachdem ich aber so richtig vollkommen verschlafen hatte, die nächtliche Notiz «Du hast vergessen, den Wecker zu stellen» auf meinem Zettel nachlesen. Ein paar Wochen dagegen ist es erst her, dass morgens der Block zwar leer war, aber ein kleines Stück weiter auf der Tischplatte in krakeliger Kugelschreiberschrift stand: «Wo ist der Block?»

Meistens jedoch stehen auf dem Notizblock nur so obskure Sätze wie: «Würde Thomas Mann heute leben, hätte er einen Twitteraccount.» Oder: «Hätte ich eine Katze, würde ich sie Scarlett Johannsson nennen.» Oder: «Nur zehn Prozent der Menschen, die in Deutschland in den letzten dreißig Jahren ertrunken sind, waren Nichtschwimmer. Bedeutet dies, schwimmen lernen erhöht die Gefahr des Ertrinkens?» Oder: «Bei Abschluss eines Comfort-Vertrages erhalten Sie das Telefon garantiert ohne Vertragsbindung.» Oder: «Beim Kauf eines Staubsaugers liefern wir Ihnen den dazugehörigen Staub drei Jahre lang kostenfrei!»

Ich frage mich oft, was mir mein Unterbewusstsein mit all diesen Sätzen sagen will. Wobei ich am häufigsten Notizen vorfinde, die nur wildes, völlig unleserliches Gekrakel sind. Irgendwelche sexuellen Phantasien, nehme ich an, oder Phantasien, die mit Gewalt, Angst, Allmacht, Tod, Geburtstrauma oder was sonst noch allem zu tun haben und in einem herumfuhrwerken. Zeug, das vermutlich sogar meinem Unterbewusstsein mehr oder weniger peinlich ist. Ich glaube ja ohnehin schon seit Jahren, dass mein Unterbewusstsein Geheimnisse vor mir hat. Schließlich möchte ein Unterbewusstsein sicher auch irgendwo noch so etwas wie eine Privatsphäre haben.

Die meiste Zeit jedoch, also an ungefähr sechs Tagen die Woche, steht gar nichts auf meinem Zettel. Mit anderen Worten: Ein fauler Sack ist mein Unterbewusstsein offensichtlich außerdem noch. Dies würde dann auch die Notiz von letzter Woche erklären: «Idee für Erfindung: Wireless food. Also man muss nur den Mund aufmachen und ist nach einer Weile ganz von alleine, praktisch automatisch satt.» Wie kommt mein Unterbewusstsein nur auf so was? Aber womöglich hatte ich einfach nur Hunger.

Kulturstadt Bielefeld

Sonntagmorgen. Im Bahnhof von Bielefeld steht ein mittel-mäßig betrunkener Mann und singt «Another Brick in the Wall» von Pink Floyd: «We don't need no education.» Habe fast eine Stunde Aufenthalt. Fast eine Stunde werde ich das jetzt wohl hören: «We don't need no education.» In einer Art Endlosschleife. «We don't need no thought control.»
Obwohl, wenn man sich mal so ein bisschen reingehört hat, muss man zugeben: Für einen mittelmäßig Betrunkenen, sonntagmorgens um 7.15 Uhr am Bahnhof Bielefeld, singt er relativ leise, und auch die Auswahl des Stückes sowie seine sich und den Text immer wieder hinterfragende Interpre-tation, also wie er zwischen «We don't need no» und «edu-cation» eine sehr, sehr lange, Spannung aufbauende Pause lässt, bis er plötzlich explodiert, gerade als man denkt, so, jetzt ist er doch weggedöst, da explodiert er in diesem «edu-cation», da ist Potential, und darüber hinaus ist sein Gesang auch beinahe schön.
Kulturstadt Bielefeld. Hier haben sogar die Bahnhofstrinker Niveau. Und sie können dann auch noch viel mehr vom Text, als man gedacht hätte: «Hey teacher, leave us kids … alone.»
Gehe zur Bude der Baguettekette, will was bestellen, muss plötzlich eine Unmenge von Entscheidungen treffen: Wel-ches Sandwich? Welche Brotsorte? Getoastet – ja oder nein und warum? Äaaäähh, der Mann hört gar nicht mehr auf, mich Zeug zu fragen. Welche Soße? Scharf oder mild? Wel-che Größe? Was soll das? Um 7.15 Uhr morgens! Um 7.15 Uhr morgens fragt der mich hier lauter Zeug. Um die Uhrzeit kann ich normalerweise nicht mal entscheiden, ob ich durch den Mund oder die Nase atme. Welches Gemüse? Wie viel

davon? Will ich ein Erfrischungsgetränk? Das weiß ich doch nicht, und das will ich auch gar nicht wissen!!!

Nachdem ich während der ersten fünf Fragen noch über meine Antworten nachgedacht habe, nehme ich am Ende als Soße «egal», als Gemüse «och» und das Erfrischungsgetränk «bunt». Der Mann verzieht keine Miene und gibt mir halt irgendwas. Er kennt das wohl schon. Am Ende fragt er mich, ob ich noch irgendeinen Wunsch habe. Denke, ach, einen Versuch ist es wert, und sage: «Ja, ich möchte mich nie wieder am Kinn rasieren müssen. Das ist furchtbar, da kommt man nicht richtig hin. Man sieht es an der Kante nicht richtig, dann ist was stehengeblieben, dann zieht man ohne Schaum noch rüber, dann hat man sich geschnitten, dann tropft es, das ist schrecklich. Ich möchte mich nicht mehr am Kinn rasieren müssen.»

Er schaut mich nachdenklich an, fragt dann: «An welchem denn?»

Gebe ihm kein Trinkgeld. Er lächelt, das war es ihm wohl wert.

Eigentlich wollte ich ja gar kein Baguette. Aber nur in der Baguettebude und bei McDonald's gibt es Sitzgelegenheiten in diesem Bahnhof. Bei McDonald's saß schon eine Gruppe sehr, sehr schöner, sehr junger Mädchen. Da wollte ich mich nicht dazusetzen. Neben sehr, sehr schönen, sehr jungen Mädchen falle ich ästhetisch, also aussehenstechnisch, irgendwie immer so ein bisschen ab. Zumindest glaube ich das. Ich weiß, wahrscheinlich bilde ich mir das nur ein, dass ich da ästhetisch abfalle, aber es hilft ja nix. Wenn sich so etwas mal im Hinterkopf eingenistet hat, dann kriegt man es da nicht mehr raus. In der Baguettebude ist außer mir nur noch der betrunkene Sänger. Da kann ich mithalten.

Als ich mich setze, fragt mich der Sänger, ob er mein Baguette haben kann. Frage ihn, warum. Er sagt, ich hätte doch bestimmt sowieso nichts gewollt. Außerdem könne er nicht singen, solange er esse. Gebe ihm die Hälfte ab. Früher, sagt er, hätte es im Bahnhof auch noch unabhängige Bänke gegeben, aber während des Umbaus hat die Bahn die abmontiert, und dann haben die sie wohl vergessen. Jetzt könne man eben nur noch hier sitzen. Ihm sei es aber recht, er habe seitdem schon mehrere Kilo zugenommen.

Eine Wandergruppe kommt in den Bahnhof. Knapp zwanzig Männer und Frauen, alle so Mitte sechzig, in hochprofessioneller, wetterfester Wanderkleidung. Rucksäcke, Stöcke, Gore-Tex-Textilien. Die Gruppe ist sehr laut und kollektiv verwirrt. Drei der atmungsaktiven Männer spült es irgendwie an die Baguettebude. Vollkommen konsterniert starren sie auf die riesige Angebotstafel. Der Baguettemann fragt sie, was sie wollen. Das war ein Fehler. Es entwickelt sich ein überaus interessantes Verkaufsgespräch:

– Guten Tag, was möchten Sie gerne?

– Was?

– Was Sie gerne möchten.

– Was?

Die drei starren sich gegenseitig an. Dann sagt einer:

– Er fragt, was wir möchten.

– Was? Ach so. Drei belegte Brote!

– Gern. Welche Brotsorte?

– Was?

– Na, welche Sorte Brot möchten Sie gerne?

– Brot. Wir möchten Brot. Mit Belag. Belegte Brote.

– Wir haben fünf verschiedene Sorten Brot. Sesam, Vollkorn, Honey Oat, Italian oder Cheese Oregano.

– Oregano?

– Ja, Oregano. Das ist so wie Pizza.

– Wir wissen, was Oregano ist.

– Also welche Sorte möchten Sie?

– Machen Sie gemischt.

– Was?

– Gemischt. Das Brot. Gemischte Brote. Gemischt.

– Das geht nicht. Sie müssen sich schon entscheiden.

– Warum?

– Wie warum?

– Wir wollen wandern gehen. Ins Wiehengebirge. Welches Brot passt denn gut zum Wiehengebirge?

– Ins Wiehengebirge?

– Ja, hoffentlich hält das Wetter. Letztes Jahr waren wir im Teutoburger Wald. Da sind wir so in den Regen gekommen, unglaublich, wie das geregnet hat …

– Ja sicher. Welches Brot möchten Sie denn jetzt?

– Bis zu den Knöcheln standen wir da im Wasser. Bis zu den Knöcheln, mein Herr, so tief …

Einer der Wanderer zieht seinen Schuh aus, um zu zeigen, wie tief man im Wasser gestanden hat.

– Nehmen Sie bitte den Schuh wieder runter. Welche Sorte Brot möchten Sie denn jetzt?

– Machen Sie Pizza Tonno. Vor drei Jahren waren wir in der Rhön, da hat's gehagelt. Das war was, kann ich Ihnen sagen. So ein Hagel, solche Brocken.

Der Wanderer trommelt mit seinen Fingern auf den Tresen, um Hagel zu simulieren.

– Hören Sie auf, auf den Tresen zu schlagen. Getoastet oder nicht getoastet?

– Ach, vorvoriges Jahr waren wir im Sauerland. Das war heiß, das glaubt man nicht, wie heiß das im Sauerland werden kann. Die Sonne hat gebrannt, so gebrannt, ich hab heut noch Flecken!

Er öffnet sein Hemd. Der Sandwichmann schreit:

– Nein, nein, bitte nicht, ich will's nicht sehen! Hören Sie auf und sagen Sie endlich, welches Brot mit welchen Kombinationen Sie wollen!

Plötzlich ist es ganz still. Der Baguettemann starrt die Wanderer mit weit aufgerissenen Augen an, wie ein gereizter Wolf. Die Wanderer lächeln. Schließlich sagt einer:

– Also gut, Sie können wählen zwischen fünf verschiedenen Wandergeschichten: Wiehengebirge, Sauerland, Rhön, Teutoburger Wald und Eifel. Diese können Sie dann kombinieren, wahlweise mit Hagel, Regen, Schnee, Sonne oder Wirbelsturm. Dazu zeigen wir Ihnen auf Wunsch Schuhe, Bauch, Nacken, Zunge oder Hintern. Das Ganze je nach Wunsch in Dialekt oder auf Hochdeutsch. Was hätten Sie gerne?

Mit völlig leeren Augen starrt der Baguettemann auf die Männer. Plötzlich lacht er, wie von einer schweren Last befreit, und macht den dreien schnell ein paar einfache belegte Brote. Die Wanderer sind sehr zufrieden.

Dann ruft der Reiseleiter seine Gruppe wieder zusammen:

– Sooo, halloooo!!! Alle zu Gleis 3. Der Zug fährt gleich! Hat auch jeder was Helles oder Buntes dabei? Im Wiehengebirge ist Jagdsaison. Viele der Jäger sind sehr alt. Die sehen bekanntlich nicht mehr so gut. Nicht, dass wir wieder einem das Schrot aus dem Hintern pulen müssen, wie in der Rhön.

Dann sind sie plötzlich weg.

Ich muss auch zu meinem Zug. Noch im Weggehen höre ich den Betrunkenen wieder singen: «We don't need no – Pausepausepause – education.» Es klingt, als würde der Baguettemann jetzt eine sehr schöne zweite Stimme dazu versuchen.

Böser Horst

«Horst! Ho-orst! Horst, kommst du jetzt verdammt noch-mal! Horst!»

Ich tue so, als wenn gar nichts wäre.

«Horst, muss ich denn erst wieder böse werden? Horst!!!»

Das Pärchen aus dem ersten Stock im Hinterhaus hat einen neuen Hund. Der Hund heißt Horst.

«Böser Horst, ja, böser Horst, pfui, der Horst, ja, so ein bööser Horst.»

Offen gestanden ist es mir nicht recht, dass ein Hund in unserem Haus Horst heißt, und erst recht nicht, dass er Tag für Tag ziemlich lautstark im Innenhof erzogen wird.

«Wird der Horst wohl brav sein, braaav, braaav, schön brav sein, der Horst, schön brav!»

Meine Autorität im Haus und in der Familie leidet unter diesem Hund. Sobald ich einen etwas strengeren Ton an-schlage, kichern sie hinter meinem Rücken, fangen an zu tuscheln: «Ist der Horst böse? Böser Horst!» Manchmal bel-len sie auch heimlich, «Horst, Horst, Horst!», also ich glaub, dass sie bellen. Zumindest haben sie Spaß. Meine Herren, haben die Spaß!

Ganz wunderbar. Da hat Ralf gerade seine Fahrradskelette abgeholt beziehungsweise eines davon sogar wieder ver-kehrstauglich gemacht und Herrn Carl geschenkt, als Wie-dergutmachung sozusagen, wodurch Herr Carl auch wirk-lich sehr viel ruhiger geworden ist, da besorgen sich Alex und Alice diesen Hund. Hat man denn vor diesem Innenhof nie Ruhe?

Die beiden behaupten natürlich, der Hund habe schon vor-her Horst geheißen, da könne man leider gar nichts machen. Aber das glaube ich ihnen nicht. Ich glaube nicht, dass der

Hund aus dem Tierheim schon vorher Horst hieß, dazu hört die Töle doch viel zu wenig auf ihren Namen. Die fanden das einfach lustig, den Hund Horst zu nennen. Horst ist nämlich heutzutage einer der beliebtesten Hundenamen überhaupt. Weil er so lustig ist. Und mit mir im Haus ist er natürlich nochmal lustiger.

Sein Kind würde heute kein Mensch mehr Horst nennen. Eher würde man sein Kind Eyjafjallajökull nennen als Horst. Nur Hunde, Katzen oder Nilpferde werden heute noch Horst genannt. Wie das berühmte Nilpferdbaby Horst im Osnabrücker Zoo. Ein lustiger Freund aus Osnabrück hat mir extra den Zeitungsartikel mit einem Foto vom Tier geschickt und danebengekritzelt: «Guck mal, die haben das Nilpferdbaby Horst genannt. Hahaha. Horst, so wie du. Lustig, was? Hahaha. Sieht dir auch ein bisschen ähnlich, findest du nicht? Wir hier haben jedenfalls alle sehr gelacht. Hahahaha. PS: Nicht böse sein, ist nur Spaß! Hahahaha!!!»

Na super. In Kürze schon wird Horst vermutlich ein reiner Tiername sein. So etwas kann ganz schnell gehen. Hasso zum Beispiel war ja noch in den dreißiger Jahren ein absolut üblicher, normaler Vorname für Jungs. Mein Großonkel hieß Hasso. Wahrscheinlich liegt das mit den Tiernamen in der Familie.

Wollte man den Namen Horst, warum auch immer, irgendwie vor der Tierwelt retten, müsste schon einer von den heute noch existierenden Horsten etwas total Besonderes machen. Eine große Tat vollbringen, mit absolutem Vorbildcharakter, wodurch dann viele Eltern ihre Jungs nach diesem Horst benennen wollen. Wimbledon gewinnen oder den Olympia-Marathon oder zum Mars fliegen oder ein wichtiges Amt erringen. Oder … Wobei, der Bundespräsident hieß ja gerade erst Horst. Das hat, glaube ich, nicht so viel gebracht. Ich weiß von keinem Kind, das nach ihm benannt wurde. Vielleicht ist sie auch vorbei, diese Zeit, wo Kinder nach Bundespräsidenten benannt wurden. Aber nach wem werden sie denn heute benannt?

Google die aktuell beliebtesten Vornamen. Der einzige Neuzugang unter den zehn beliebtesten Mädchennamen ist Gina. Ach guck. Welche bekannte Persönlichkeit heißt denn Gina? Wem jetzt nur die einfällt, die auch mir als erste einfällt, der wird nachdenklich.

Habe versucht, die beiden kackenden Tauben von der Dachrinne aus Rache Alex und Alice zu nennen, aber als ich Alex und Alice davon erzählte, sagten sie, das sei eine Superidee, das fänden sie lustig. Habe die Tauben dann nicht mehr so genannt.

Hätte jetzt gerne einen Milchkaffee, bin aber zu kaputt, um den Kaffeevollautomaten zu bedienen. Stelle eine Tasse rein. Rufe dann meinen Nachbarn an, Herrn Riechmann, und bitte ihn, mit seinem Handy von unterwegs meinen Kaffeeautomaten zu programmieren. Seit ich ihm die Zugriffsdaten für die Maschine gegeben habe, macht er mir häufiger mal von unterwegs einen Kaffee. Also, wenn ich ihn darum bitte. Schon schick, einen Nachbarn zu haben, für den es wichtig ist, bei allen Leuten im Haus beliebt zu sein. Wenn irgendwann alle Geräte mit WLAN-Empfängern ausgerüstet sind, wird das bestimmt ein Riesenmarkt, also Menschen, die einem von außen Kaffeeautomat, Waschmaschine, Backofen, Staubsauger oder Saftpresse programmieren, während man selbst nur noch zu Hause sitzt und den Maschinen bei ihrer Arbeit zuguckt. Ein Riesenmarkt wird das, wenn man da jetzt schnell wäre, aber dieses Schnellsein schaff ich ja einfach zeitlich nicht.

«Ja, möchte der Horst denn jetzt sein Fresschen? Schönes

Fresschen! Lecker, lecker Fresschen! Hat der Horst denn Hunger? Möchte er sein schönes Fresschen haben?»

Gottverdammt. Jetzt kriege ich tatsächlich Hunger. Sollte mir vielleicht etwas kochen. Was Gesundes natürlich. Ja, das sollte ich machen. Gemüse, Nudeln, Kartoffeln, Obst, ich habe eigentlich alles da. Da kann ich mir was Gesundes machen. Aber was? Schwierige Entscheidung, wenn man so viel Auswahl hat. Nehme mir erst mal eine Tüte Chips, also nur zur Überbrückung, bis ich entschieden habe, was ich mir Gesundes koche. Mit leerem Magen kann man ja nicht nachdenken. Stopfe schmatzend die Chips in mich rein.

«Hui, da schmatzt er aber, der Horst, was? Lecker, lecker Fresschen, was? Lecker, lecker Fresschen!»

Mir ist der Appetit vergangen. Lege die Chips wieder weg. Die Kaffeemaschine springt an. Ach Gott, die Milchanzeige blinkt wie bekloppt, muss ich nachfüllen. Nehme die Milch aus dem Kühlschrank. Das Telefon klingelt. Gehe mit der freien Hand ans Telefon, während ich mit der anderen den Milchbehälter nachfülle.

«Hallo?»

«Guten Tag, mein Name ist Schmitz vom Jugendamt Kreuzberg. Ich rufe an wegen Herrn Riechmann, Ihrem in Trennung lebenden Nachbarn.»

«Ja?»

«Schön, Herr Riechmann hat uns Sie als Bezugsperson in seinem neuen Wohnumfeld genannt. Er sagte, Sie könnten ihm guten Leumund geben und bestätigen, dass er wieder festen moralischen und ethischen Halt in seinem Leben gefunden hat. Sie sind doch Horst Evers, oder?»

«Ja, ich bin Horst Evers.»

Der Milchbehälter kippt, die Milch läuft in Maschine und Küchenregal. Die Maschine zischt. Alle, wirklich alle Lampen und Knöpfe beginnen wie blöde zu blinken. Ich stammele ins Telefon: «Ooooooh, Entschuldigung, mir ist hier gerade … ohoho … ein kleines Malheur … ohohohohoh … einen kleinen Moment bitte … oje, oje, ojeeeee … ich muss Sie gerade mal zur Seite legen … oooooohhhhhh …»

«Hallo?»

Lege den Hörer vor das offene Küchenfenster und kümmere mich um die Milch. Als ich den Lappen greife, hallt es durch den Hof: «Böser Horst, ja, böser Horst! Hast du wieder in den Hausflur gemacht? Du böser, böser Horst, du sollst doch nicht immer in den Hausflur machen! Pfui, der böse Horst!!»

Dann ist es ganz still. Bis ich in der Leitung ein Klicken höre.

Für Herrn Riechmann ist das natürlich ein eher unerfreuliches Ende. Also wahrscheinlich wird sich das mit dem Sorgerecht für ihn jetzt doch noch ein bisschen hinziehen.

Keine Furcht, es ist kein Programm über die Bahn, Verspätungen oder riesige Bahnhofsbauten in Berlin, Stuttgart oder anderswo.

Es geht vielmehr um die großen, die ewigen Fragen: Woher kommen wir? Wohin gehen wir? Ist das weit? Muss ich da mit? Vor allem aber auch: Holt mich wohl jemand ab?

Suchen wir nicht alle jemanden, der uns wenigstens einmal, und sei es nur für ganz kurz, einen großen Bahnhof bereitet?

Horst Evers „Großer Bahnhof"
1 CD, Live-Mitschnitt, € 15,99
ISBN 978-3-8371-0824-8

www.wortart.de